KB208691

최소한의 행동 경제학

최소한의
행동
경제학
김나영 글

'6시에 일어나야지'하고 알람을 맞추고 잠들었지만, 열 번째 알람을 끄며 겨우 일어나 아침도 못 먹고 지각할까 봐 허둥지둥 뛰어간 적 있나요? 용돈을 아껴 쓰고자 하다가도 게임 아이템이 싼 가격에 나온 걸 보고 현질 하거나, 열심히 공부하고자 마음먹고 인터넷 강의 3개월 수강권을 끊어 놓고 진도율 30%도 채 안 된 채 끝났던 경험은요? SNS 스토리와 릴스엔 계획적으로 공부 잘하고 성과도 좋은 친구들이 널려 있는데, 난 왜 이럴까 싶고요.

열 번의 알람! 바로 제 얘기예요. 매일 아침 알람 시계와 사투를 벌이며 이불 속에 숨어 들어갔다가 겨우 지각을 면할 수 있는 때에 일어나곤 해요. 아침잠이 많은 편이거든요. 저녁 잠자리에 들 땐 내일 일찍 일어나서 스트레칭도 하고, 아침 식사도 하고, 책도 보면서 여유롭게 하루를 시작하고 싶거든요. 하지만 막상 아침에 알람 소리가 나면 당장 더 자고 싶은 유혹을 뿌리치기가 참 힘든 거 있죠. 미룰 수 있을 때까지 미루는 성향을 타고났거든요. 온라인 수강권 끊고, 첫날은 의지에 활활 불타서 열심히 하다가 얼마 지나지 않아 시들해지면서 자꾸 미루기도 했죠. 결국 진도율 20%인 채로 수강권 날짜가 종료된 적도 있답니다.

소비로 확장해 볼까요? 언제나 계획적으로 소비하고자 하다가도 신상 화장품이나 제 스타일의 구두가 보이면 어느새 카드를 꺼내 결제하고 있는 제 모습을 보곤 했어요. 그런데, 혹시 제가 '했어요'라고 과거형으로 쓴 거 눈치채셨나요? 물론 요즘도 가끔은 지름신이 강령할 때가 있긴 하지만, 예전보다 훨씬 줄었어요. 적절한 통제가 가능해졌답니다. 특히 마케팅 호구 탈출에는 어느 정도 성공한 것 같아요! 기업들은 어쩔 수 없이(?) 사람들의 사고와 행동 패턴을 분석해서 지갑을 여는 마케팅을 하거든요. 첫 알람에 벌떡 일어나는 건 여전히 힘들긴 하지만, 하기로 계획한 일과 공부를 꾸준히 하고, 계획한 범위 내에서 소비하고 있어요. 일을 미루다가 마감일에 임박해서 후다닥 처리하는 건 여전하긴 하지만요, 그래도 마감일에 끝낼 수 있는 장치는 마련했어요! 하기 싫은 숙제도 얼른 끝내 버리는 방법도 터득했죠. 무엇보다 이젠 SNS 속 사람들 때문에 우울하지도 않아요! 솔깃하시죠? 제 비결! 바로 행동경제학에 있습니다.

전통 경제학에서 사람들은 언제나 자신의 이득을 최대로 하는 '합리적 선택'을 하는 존재라고 여겨요. '호모 이코노미쿠스'라고 부르는데, 그들은 건강을 위해서는 당장 눈앞에 케이크가 있어도 참을 수 있고, 결심했던 운동은 꾸준히 하고, 잠자리에 들기 전 계획한 대로 6시에 일어나고, 미래를 위해서 지금 소비도 충분히 절제할 수 있죠. 하지만 저를 포함해 실제 사람들은 당장 눈앞의 유혹을 뿌리치지 못해 나중에 후회할 행동을 종종 합니다. 또, 합리적인 판단이라고 생각했지만, 실제로는 그렇지 않은 경우도 많고요. 원래 사람은 그런 거니까 어쩔 수 없는 걸까요? 사람들이 합리적이지 않은 행동들을 하는데, 그 안에 일정한 패턴이 있다면요? 패턴을 알고, 그 안에 숨어 있는 심리를 파악하면 우리가 스스로 합리적 선택으로 한걸음 다가갈 수 있지 않을까요? 실수투성이인 사람들의 심리를 파악하고, 행동을 관찰하며 전통 경제학에서 설명하기 힘들었던 현상을 설명하는 게 '행동경제학'입니다. 스스로 오류를 범할 수 있는 존재임을 알고, 오류를 범하기 쉬운 상황들과 그 원인을 알아가면 사고의 오류에서 점차 벗어날 수 있을 거예요.

우리가 흔히 실수를 범하게 되는 생활 속 사례들. 그 속에 심어져 있는 심리와 이를 조정할 수 있는 처방을 함께 알아봐요. 일상에서 쉽게 접하게 되는 이야기와 사례로 풀어낸 행동경제학.

서른여섯 가지 에피소드를 읽다 보면 우리가 어떤 이유로 인지적 편향이 발생해 사고의 오류를 범하고, 실수하게 되는지 알게 되고, 여기서 탈출할 수 있는 방법을 찾게 될 거예요. '아, 맞아. 나도 저런 적이 있지!' 공감할 수 있는 사례 속에서 말이죠. 사람의 본성을 거스르는 건, 아침 6시에 맞추어 놓은 알람 소리에 벌떡 일어나는 것처럼 힘든 일입니다. 하지만 적어도 스스로 사고의 오류를 범하고 있다거나 비이성적 선택을 하고 있다는 걸 인지하면, 점차 사고의 오류를 줄이고 합리적인 선택을 하는 방향으로 스스로를 이끌게 될 거예요. 지갑을 여는 마케팅에 넘어가지 않고, 숙제를 미루고 싶은 당장의 유혹을 뿌리치고, 미래의 나를 위해 현재의 나를 스스로 통제하고, 상향 비교의 덫에서 벗어나 '나'를 찾고, 오늘의 나보다 발전된 내일의 나를 향해 나아가는 합리적 행동을 하는데 「최소한의 행동경제학」이 조금이나마 도움이 되길 바랍니다.

2025년 3월

김나영

차례

1장 관계를 맺는 행동경제학

1. 긍정적인 첫인상을 만들려면? 초두 효과 _ 13
2. 중요한 날, 어떤 옷을 입을까? 현저성 효과 _ 16
3. 누군가와 친해지고 싶을 땐 어떻게 할까? 유사성 효과 _ 19
4. 일단 자주 눈에 띄어라 단순 노출 효과 _ 22
5. 본 적이 없는데 본 것 같아 생기는 오해를 풀려면? 기억의 재구성 혹은 구성적 기억 _ 25
6. 내가 이만큼 해줬으니, 내게 보답하겠지? 홀드업 문제 _ 31

2장 대화를 나누는 행동경제학

1. 부탁 전에 먼저 해야 하는 일? 상호성의 법칙 _ 39
2. 사실은 그들도 칭찬을 원해 사소한 칭찬의 힘 _ 44
3. 주인공을 위해 들러리를 만들라고? 미끼 효과 _ 47
4. 좋은 점 먼저, 불리한 건 아껴놓기 낮은 공 기법 _ 52
5. 그들이 진짜 원하는 걸 찾으라고? 사회적 바람직성 편향 _ 56
6. 내 성과의 가치를 존중받는 방법 거래효용 _ 69

3장 목표를 이루는 행동경제학

1. 발표, 먼저 할까 나중에 할까? 순서 효과 _ 77
2. 어떻게 하면 미루는 습관을 줄일까? 자기 절제 도구 _ 82
3. 하고 싶지 않은 숙제, 빠르게 끝내는 방법 자이가르닉 효과 _ 86
4. 중요한 시험 준비, 어디서 하는 게 좋을까? 상태 의존 기억 _ 90
5. 목표를 이루는 확실한 방법? 공개 선언 효과 _ 93
6. 아무리 생각해도 답이 안 떠오를 때 부화 효과 _ 96

4장 선택을 위한 행동경제학

1. 세일로 득템! 정말 이득일까? (앵커링 효과) _ 103
2. 다이어리 얻으려고 17잔의 커피를 산다고? (왝더독) _ 110
3. 불편한 운동화, 버리지 못하는 이유? (매몰 비용) _ 114
4. 팝콘 메뉴의 비밀, 세트 메뉴가 정말 싼 걸까? (대조 효과) _ 118
5. 꿀꿀한데 쇼핑이나 할까? (한정된 인지적 자원) _ 123
6. 양심적인 가격은 인기가 없다? (준거가격) _ 128

5장 돈이 되는 행동경제학

1. 돈이 다 같은 돈이 아니라고? (심적 회계) _ 135
2. 키가 크면 소득이 높다고? (비인지능력) _ 143
3. 2분 만에 그린 그림의 공정한 가격은? (프레이밍 효과) _ 147
4. 신뢰가 곧 돈이다 (사회적자본) _ 152
5. 느슨한 연결 관계에 신경써야 하는 이유 (인적 네트워크) _ 157
6. 비오는 날 택시 잡기가 힘든 이유 (휴리스틱) _ 161

6장 행복을 만드는 행동경제학

1. 같은 액수의 이익과 손실, 뭐가 더 크게 느껴질까? (손실회피) _ 169
2. 큰 선물 한 번보다 작은 선물 여러 번이 낫다 (부킹 프라이스) _ 174
3. 한 달 무료 OTT, 왜 계속 이용하게 될까? (보유 효과) _ 178
4. 자유이용권, 비용이 더 들어도 만족스럽다? (결제와 소비의 디커플링) _ 183
5. 비교는 SNS의 엄친아 • 엄친딸 말고, 미래의 나랑 (상향 비교) _ 189
6. 행복을 가져오는 학교생활의 비밀 (자율성+유능성+관계성) _ 193

1장

관계를 맺는 행동경제학

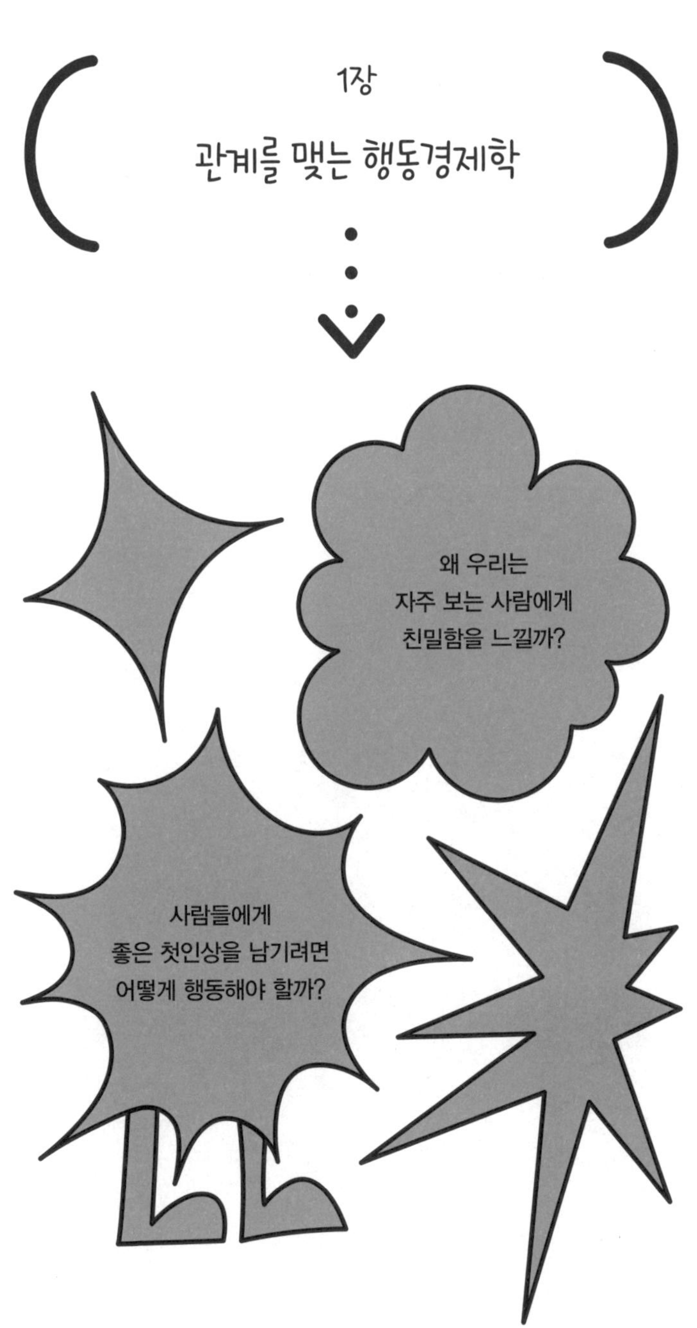

행동 경제학은 사람들이
어떻게 생각하고 행동하는지를
이해하려는 시도다.

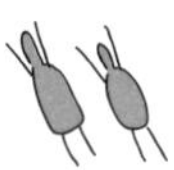

1. 긍정적인 첫인상을 만들려면?

#초두 효과

새 학년이 되어 새로운 반과 선생님, 친구들을 만나게 될 때, 설레기도 하지만 걱정도 되지 않나요? 선생님과 친구들이 어떤지 조심스레 분위기를 살피기도 하고요. 학창 시절, 새 학기 첫날 하필 늦잠을 잔 적이 있어요. 서둘러 뛰어갔지만, 15분이나 지각했던 거 있죠. 그 후로 지각을 잘 하지 않았는데, 가끔 지각하게 되면 선생님께서 저보고 "또 지각이니"라고 말씀하시곤 했어요. '지각생'이라는 첫인상이 콕 하고 박힌 것이죠. 그럴 때마다 어찌나 억울하던지요. 그 후론 새롭게 누군가를 만나야 하면 첫인상에 굉장히 신경 쓰게 되더라고요. 여러분도 누군가를 만났을 때, 그가 처음에 어떤 인상이었는지에 따라 그 사람을 평가하고 있진 않으세요? 또, 스스로 첫인상을 좋게 보이려고 노력하고 말이죠. 실제로 처음 인상이 어땠는지가 중요하게 작용해요. 그걸 바꾸려면 오랜 시간이 걸리고요. 이렇게 첫인상이 그 사람에 대한 이미지로 굳어버리는 현상을 '초두 효과Primary effect'라고 합니다.

미국의 심리학자 솔로몬 애쉬Solomon Asch는 초두 효과와 관련한 재밌는 실험을 했어요.[1] 실험에 참여하고자 모인 사람들을 두 그룹으로 나누고, 어떤 사람을 묘사하는 6개 단어를 나열해서 보여줬어요. 동일한 여섯 개 단어를 보여주는데, 두 그룹에게 순서를 다르게 제시했어요. 이후, 여섯 단어로 묘사된 사람이 어떤 사람인지 평가해 보라고 했어요.

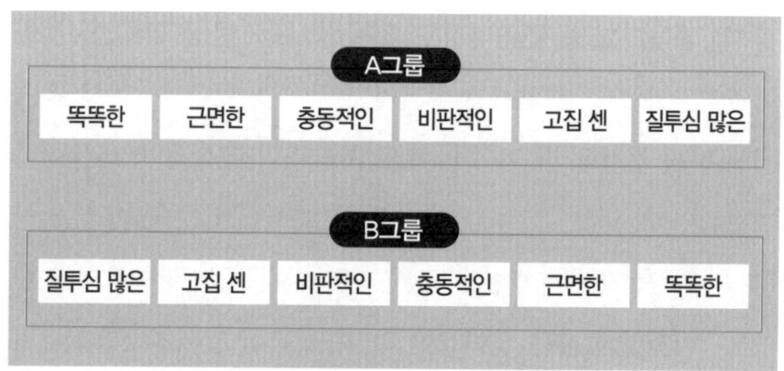

'똑똑한', '근면한'이 먼저 제시된 A그룹의 참가자들은 그가 능력 있고 똑똑한 사람이라고 평가한 반면, '질투심 많은',

1. Asch, S. E. (1946). Forming impressions of personality. The Journal of Abnormal and Social Psychology, 41(3), 258–290. https://doi.org/10.1037/h0055756

'고집 센'이 먼저 제시된 B그룹의 참가자들은 그를 질투심 많고 고집 센 특성 때문에 제대로 능력을 발휘하지 못하는 사람으로 평가했어요. 동일한 단어를 순서만 바꿔서 제시했는데, 인상이 이렇게 다르게 형성된 거예요. 초두 효과가 얼마나 강력한지 알 수 있죠. 그렇기 때문에 우리도 첫 만남에서 긍정적인 인상을 남기는 게 중요합니다.

긍정적인 인상을 남길 수 있는 좋은 방법이 뭐가 있을까요? 아쉽게도 자신의 내면과 능력은 첫인상으로 드러내기 힘들어요. 첫인상을 좌우하는 중요한 특성은 슬프게도 외모입니다. 잘 생기고 못생긴 게 중요한 건 아니에요. '그 사람 인상 좋다'고 느끼게 되는 특징을 생각해 보세요. 깔끔한 느낌, 자신감 있는 태도, 웃는 얼굴, 예의 바른 태도 등이 생각날 거예요. 깔끔하게 하고, 웃는 얼굴과 예의 바른 태도로 좋은 첫인상을 심어주세요. 처음 형성된 인상은 게임에서 실수를 만회할 수 있는 '까방권(추가 목숨)'과도 같거든요. '저 친구는 원래 성실하고 예의 바른 친구인데 오늘 무슨 일이 있나 보다'하고 생각하는 것처럼 말이지요.

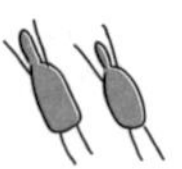

2. 중요한 날, 어떤 옷을 입을까?

#현저성 효과

연못에서 헤엄치고 있는 하얀 오리들 사이에 청둥오리 한 마리가 있다고 상상해 봐요. 우리 시선은 자연스럽게 하얀 오리들 사이에서 두드러지는 청둥오리에게 향하지 않을까요? 오리의 움직임을 관찰한다고 할 때, 하얀 오리들은 그저 배경처럼 보이고, 청둥오리의 움직임을 유심히 지켜보게 될 가능성이 커요. 이 상황에서 "누군가가 연못 속 오리들이 어떻게 움직였나요?"라고 묻는다면, 아마도 청둥오리의 움직임을 묘사하게 되겠죠. 사람들은 이처럼 자연스럽게 두드러지는 특성에 주의를 더 기울이고, 이를 기반으로 전체적인 이미지를 형성하는 경우가 많아요. 눈길을 끄는 것을 먼저 본 후 속내까지 판단하게 되는 현상을 현저성 효과라고 해요.

미국 퍼듀대학교 학생들을 대상으로 했던 실험[2]에서는 똑같은 사람인데 안경을 쓴 경우에는 사람들이 그를 똑똑하고, 신뢰감 있는 인상으로 평가했고, 그가 안경을 끼지 않고 환한 미소를 지은 경우에는 사람들이 그를 친절하고, 유머러스한 인상으로 평가했어요. 안경과 미소라는 사소한 겉모습이 전체적인 인상에 영향을 준 거죠. 그럼 중요한 자리에 갈 때 옷차림은 어떠해야 할까요? 우리가 가진 특성 중 가장 쉽게 눈에 띄는 부분은 겉모습이잖아요. 그러니 옷차림과 외모를 깔끔하게 다듬는 것도 중요한 부분 중 하나예요.

새 학기 첫날 새로운 반에 가거나, 대학교에 입학 면접을 보러 간다고 생각해 볼게요. 옷차림이 지저분하다면, 인상 자체가 깔끔하지 못하게 느껴질 거예요. 깔끔하고 단정한 옷차림이 무난할 거예요. 옷차림처럼 부차적인 요소 때문에 능력을 제대로 평가받지 못하면 너무 억울하잖아요. 앞에서 이야기한 웃는 얼굴, 자신감 있는 태도, 예의 바른 모습도 물론 필요하겠죠. 자신이 가장 자신 있고, 관심 있게 봐주었으면 하는 부분을 강조하고 다른 요소들은 무난하게 세팅하는 게 좋은 인상을 주는 데 도움이

2. Thornton, G. R. (1943), The Effect Upon Judgments of Personality Traits of Varying a Single Factor in a Photograph, 18(1), 127–148 https://doi.org/10.1080/00224545.1943.9921704

될 거예요.

반대로 우리가 다른 사람이나 물건을 평가하는 상황이라면, 자신이 현저성 효과에 영향을 받을 수 있음을 인식하고 있는 게 좋아요. 둥글둥글 부드럽게 생긴 사람을 보고 순하다고 판단하거나 인상이 강한 사람을 보고 까칠하거나 직설적이라고 생각할 수 있잖아요. 또, 포장이 근사하게 되어있는 상품은 어쩐지 고급스러워 보이기도 하고요. 내가 한 가지 특성을 보고 전체를 판단하고 있는 건 아닌지 수시로 점검할 필요가 있습니다.

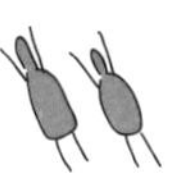

3. 누군가와 친해지고 싶을 땐 어떻게 할까?

#유사성 효과

평소 대화를 잘 나누지 않았던 어색한 친구와 조별 과제를 하게 되었다고 생각해보세요. 생각만 해도 어색하죠. 하지만 그 친구가 같은 아파트에 살고, 같은 연예인을 좋아한다면 이야깃거리가 잔뜩 생길 거예요. 이전보다 친밀감도 조금 느껴지겠죠. 또 새로운 학원에 갔는데 옆자리에 앉은 친구가 나와 같은 학교를 다니고 있다거나 친구에게 새로운 친구를 소개받았는데 취미가 같다면 친해지기 쉬울 거예요. 우리는 자신과 취향이 같은 사람, 출신 학교가 같은 사람 등 공통점이 있는 사람에게 더 호감을 느끼는 경향이 있거든요. 외국에 나갔는데, 한국인을 보면 반갑고 그중에도 같은 동네에서 온 사람이 있으면 더 반갑기 마련이잖아요.

미국의 두 심리학자 돈 번Donn Byrne과 돈 넬슨Don Nelson은 대학생 실험 참가자를 모집해서 사회, 과학, 복지 등 다양한 이슈에 대해 어떤 의견이 있는지 답하게 했어요[3]. 응답이 끝난 뒤에 다른 사람들이 어떻게 응답했는지 보여주면서, 호감도를 표시해 보게 했습니다. 참여자들은 자신과 비슷한 의견을 제시한 사람에게 높은 호감을 느낀다고 체크했어요. 자신과 공통점이 있는 사람에게 호감을 느끼는 경우가 많은 겁니다.

면접 상황에서 면접관과 지원자의 유사성이 높을 때, 면접관이 지원자에게 호감을 느껴 결정에 긍정적인 영향을 미친다는 연구[4]도 있어요. 이처럼 자신과 비슷한 점이 있는 사람에게 호감을 느끼는 걸 '유사성 효과Similarity effect'라고 합니다. 공통점이 있는 사람과는 더 깊고 많은 이야기를 할 수 있으니, 그에게 호감을 느끼고 더 친해지기 쉬운 거겠죠. 친해지고 싶은 친구가 있으면, 그 친구에게서 자신과 비슷한 점을 찾아 대화의 물꼬를 터 보세요. 연결고리를 찾으면 다가가기 더 쉬울 거예요.

하지만 너무 자신과 유사한 사람과만 관계를 맺으면, 시야가 좁아질 수 있어요. 다양한 사람과 교류하면서 다양한 의

3. Byrne, D., and Nelson, D. (1965). Attraction as a linear function of proportion of positive reinforcements. Journal of Personality and Social Psychology, 1(6), 659–663 https://doi.org/10.1037/h0022073
4. Orpen, C. (1984). Attitude Similarity, Attraction, and Decision-Making in the Employment Interview. The Journal of Psychology, 117(1), 111–120 https://doi.org/10.1080/00223980.1984.9923666

견과 시각을 접하는 기회를 가지는 것도 필요해요. 다양한 사람들과 알고 지내고, 그들의 의견을 들을 때 어떤 현상에 대한 편협한 사고를 피할 수 있지요. 또한, 깊은 관계는 아니라도 단지 알고 지내는 사람들이 내가 하고자 하는 일에 도움을 주는 경우가 많기도 하고요. 사회학자 마크 그래노베터Mark Granovetter의 연구에 따르면 실제로 가족이나 친한 친구보다도 가끔 연락하며 알고 지내는 사람으로부터 일과 관련한 도움을 얻는 경우가 많았답니다.[5] 공통점을 어필하고 자주 만나며 친한 친구를 사귀고, 나와 다른 다양한 사람들과도 적당한 거리에서 알고 지내기. 잊지 마세요!

5. Granovetter, M. S. (1973), The Strength of Weak Ties, American Journal of Sociology, 78(6), 1360–1380

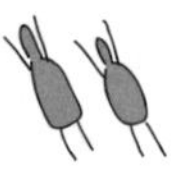

4. 일단 자주 눈에 띄어라

#단순 노출 효과

로맨스 드라마에서 일면식 없던 여자 주인공과 남자 주인공이 길에서 우연히 부딪히며 서로를 인식하고, 이후 카페에서, 엘리베이터에서, 회사에서 계속해서 마주치다 결국 사랑에 빠지게 되는 클리셰를 흔히 볼 수 있어요. 우연이 계속되면 인연이 된다는 말이 있죠. 또 반대로 몸이 멀어지면 마음이 멀어진다는 말도 있어요. 만남의 횟수가 친밀감에도 영향을 준다는 것이죠. 누군가와 자주 마주치기만 해도 그에 대한 호감도가 높아지는 경향이 있거든요.

로버트 자이언스Robert B. Zajonc라는 심리학자는 재밌는 실험을 했어요[6]. 외모의 매력이 비슷한 여자 대학생들 몇 명을 뽑

6. Zajonc, R. B. (1968). Attitudinal effects of mere exposure. Journal of Personality and Social Psychology, 9(2, Pt.2), 1–27. https://doi.org/10.1037/h0025848

아, 한 학기 동안 자신의 강의에 각기 다른 횟수로 출석하게 했어요. 출석 횟수는 15번, 10번, 5번, 0번 등이었죠. 그들은 단순히 강의에 출석만 했고, 같은 수업을 듣는 다른 학생들과 이야기를 나누거나 수업 내에서 함께 활동하지는 않았어요. 학기가 끝나고 강의를 들었던 학생들에게 강의에 출석했던 연기자 여학생들의 사진을 보여주고 누가 가장 매력적인지 평가하도록 했어요.

그 결과, 학생들은 대체로 강의에 자주 출석했던 여학생을 매력적으로 평가했어요. 별다른 상호작용 없이 그냥 눈앞에 자주 보였을 뿐인데, 호감도가 올라간 거죠. 이처럼 특정 대상이 단순히 눈앞에 자주 보이기만 해도 그 대상에 호감을 느끼는 현상을 '단순 노출 효과Mere exposure effect'라고 합니다.

친해지고 싶은 친구가 있다면 공통 관심을 찾아 동아리를 만드는 것도 좋아요. 동아리를 만들어서 활동하면 자주 볼 수 있을 뿐 아니라 공통의 관심 분야를 탐구하며 더 많은 상호작용을 할 수 있기도 하죠. 자주 보는 것 자체로 호감을 높이는 작용을 합니다. 단순 노출 효과를 이용하는 거예요.

학교에서 선생님들에게, 친구들에게, 선후배들에게 인사를 잘하는 것도 단순 노출 효과를 활용해 호감도를 높이는 방법입니다. '웃는 얼굴로 인사하기'. 너무 꼰대 같은 얘기인가요? 선생님이 보이는데, 그냥 인사 없이 지나가는 친구도 있을 거예요. 선생님과 눈도 마주치지 않겠지요. 하지만 인사를 하면 얼굴을 한 번 더 보게 되고, 간단히 안부도 물을 수 있어요. 결과적으로 내가 더 많이 노출되는 거예요. 별것 아닌 듯하지만, 눈에 자주 띄기만 해도 호감도가 올라간다는 걸 생각하면 '인사 잘하기'가 내 호감도를 높이는 꽤 괜찮은 전략이 됩니다. 친해지고 싶은 친구가 있다면, 공통의 관심사가 있음을 알리고, 함께 할 수 있는 모임이나 동아리를 만들어 자주 만나 보세요! 인생의 고락을 함께 할 친한 친구가 될 수 있을 거예요.

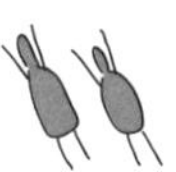

5. 본 적이 없는데 본 것 같아 생기는 오해를 풀려면?

#기억의 재구성 혹은 구성적 기억

제가 중학교 다니던 시절엔 학기 초가 되면 교실을 깨끗하게 청소하고 학급 게시판을 꾸미는 행사를 했어요. 어느 반이 제일 잘했나 심사해서 학급에 상을 주곤 했죠. 깨끗한 환경에서 공부하고 생활하면 좋으니까 학교에서 한 학기에 한 번씩 이런 행사를 주최했던 것 같아요. 지금은 왜 그랬나 싶긴 하지만, 당시엔 모두 열심히 청소하고 꾸며서 1등을 하고 싶어 했어요. 특히 옆 반 담임 선생님은 유난히 깔끔하셔서, 유리를 반짝반짝 닦으셨어요. 그런데 심사하는 당일 아침. 옆 반 담임 선생님이 울그락 불그락 한 얼굴로 저희 반에 오셔서 한 친구를 지목하며 소리치셨어요.

"너, 우리 창문에 손자국 냈지? 왜 그랬어?"

지목당한 친구는 무척 당황한 표정이었어요. 그리고 기어 들어가는 목소리로 그런 적 없다고 말했어요.

"저 진짜 아닌데요……."

그러자 그 선생님은 더 화가 나셨나 봐요.

"아니, 목격자가 있어! 우리 반 애들이 네가 손자국 내는 거 봤대!"

결국 그 친구는 벌점을 받았어요. 아무리 아니라고 해도 소용이 없었죠. 그 친구는 시간이 꽤 흐른 뒤에도 억울하다고 하소연하곤 했어요. 물론 진실은 알 수 없죠. 하지만 그 친구가 창문에 손자국 내는 걸 목격한 사람이 있다고 해서, 그게 꼭 진실인 건 아닙니다. 기억은 재구성되고, 심지어 가짜 기억이 생기기도 하거든요!

거짓 기억과 진술로 억울하게 누명을 쓰고, 유죄 선고를 받고 감옥에 갔던 사람도 있습니다. 40여 년 전인 1980년 2월 미국 시애틀의 한 식당에서 스티브 타이터스Steve Titus[7]라는 31세 남자가 약혼녀와 저녁 식사를 하고 돌아오는 길에 경찰에 붙잡혀요. 그의 차가 범죄를 저지른 사람이 몰던 차와 비슷했었나 봅니다. 경찰은 그의 사진을 찍어 피해자에게 보여줬고, 피해자는 그가 범인이라고 진술해요.

"그가 확실해요!"

7. https://www.law.umich.edu/special/exoneration/Pages/casedetailpre1989.aspx?caseid=331

죄목은 강간이었고, 피해자는 15세 소녀였죠. 그는 억울했어요. 그는 감옥에서 지역 신문에 전화를 했고, 다행히 어떤 기자가 이 일에 관심을 가지며 진범을 찾아냈습니다. 진범은 자백했고, 다른 증거들도 나오며 타이터스는 석방되었어요. 하지만 그는 애인도 잃었고, 직장도 잃었고, 마음의 상처도 많이 받은 상태였죠.

미국에서 잘못된 판결로 유죄 선고를 받았던 사람들 300명의 정보를 모아보니, 그들 중 3/4이 목격자들의 잘못된 기억 혹은 거짓 기억에 의한 증언이 유죄 판결에 결정적인 영향을 주었다는 게 밝혀졌습니다. 많은 사람들이 기억은 책과 같다고 생각합니다. 책은 꽂아 두었다가 다시 꺼내도 그대로잖아요. 하지만 우리 기억은 책보다는 위키피디아에 가깝습니다. 계속 수정되는데, 원본은 남아있지 않죠. 기억은 재구성되기도 하고, 새로 만들어지기도 합니다.

심리학자 엘리자베스 로프터스Elizabeth Loftus 교수는 이에 대한 실험을 했어요. 두 자동차가 부딪치는 모습의 영상을 사람들에게 보여주고, 부딪혔을 때 속도가 얼마나 되었을 것으로 보이는지 물었어요. 사람들은 두 그룹으로 나누고 질문만 다르게 했지요.

질문1 "두 자동차가 접촉(hit)했을 때 속도가 얼마나 되었을까요?"

"두 자동차가 충돌(smashed)했을 때 속도가 얼마나 되었을까요?" 질문2

'접촉hit'이라는 단어로 물은 그룹에서는 평균 시속 40km라고 답했던 반면, '충돌smashed'이라고 물은 그룹에서는 평균 시속 80km로 답했어요. 또 깨진 유리창이 있었냐고도 물었는데, '충돌smashed'이라고 물은 그룹에서 훨씬 많은 사람들이 자동차 유리창이 깨져있었다고 답했습니다. 실제로 깨진 유리창은 없었는데 말이지요. 놀랍죠?

로프터스 교수는 기억에 대한 연구를 이어 나갔고, 거짓 기억을 심을 수 있는지 실험했어요. 어릴 때 길을 잃은 경험이 없는 실험 참가자들을 그들의 가족을 통해 모집했어요. 그러고는 가족들에게 어릴 때 그들이 경험한 세 가지 사건들과 당시 사진들을 받았지요. 그 사진들과 사건들에 더해 그들이 대형 쇼핑몰에서 길을 잃은 정황이 있는 합성사진을 만들었어요. 실험 참가자들은 어릴 때 사진을 보며 당시 기억에 대해 이야기하는 연구라고만 알고 있었어요. 그들을 불러서 사진을 보여주며 기억나는 걸 얘기해 보라고 했죠. 처음엔 대부분의 참가자가 '내가 길을 잃은 적이 있던가?'하고 의심했어요. 그런데 2주 간격으로 인터뷰가 반복되면서 점차 자신이 길을 잃은 적이 있다고 얘기하는 참가자가 생기기 시작했어요. 특히 인터뷰가 여러 차례 진행될수록 당시 경험을 아주 상세히 묘사했죠. 당시 자신은 어떤 감정을 느꼈고, 주변에 뭐가 있었는지까지 말이죠. 참가자의 25%가 그랬다고 하니 꽤 많은 사람들이 거짓 기억을 만들어 낸 거라고 볼 수 있죠.

"아니야, 그때 순이네 떡볶이 갔었잖아!"

"무슨, 피자집 가서 먹었던 게 분명해!"

"떡볶이 먹고 나서 수연이가 계산했었어. 그 상황도 또렷하게 기억나는데?"

"야, 그건 그날이 아니고 수연이 영재원 붙었다고 낸 거잖아."

누구 생일에 어디에서 뭘 먹었는지 서로 다른 기억을 가지고 옥신각신. 가끔 친구들 사이에서 동일한 사건에 대해 서로 다른 기억을 가지고 티격태격한 경험, 누구나 있을 거예요. 누군가가 "내가 분명히 봤는데!", "내가 들었는데"라면서 같은 걸 보고 들었는데, 다른 의견이 나오는 경우 말이죠. 이럴 때 상대방을 보고 '잘못 봐놓고 우기잖아!'하고 답답할 수도 있고, '실수를 인정하기 싫어서 거짓말을 하네!'하고 화가 날 수도 있어요. 하지만 우리는 이제 그들이 본 게 모두 부분적으로 맞는 얘기일 수도 있고, 모두 잘못된 얘기일 수도 있다는 걸 알아요. 거짓말을 하고 있지 않다고 하더라도요. 우리는 어떤 걸 바라볼 때, 기존에 가지고 있던 틀 안에서 보는 경향이 있고, 보고 싶은 정보만 취하게 되기도 하고, 기억이 재구성되기도 하고, 거짓 기억이 생기기도 하니까요. 어떤 판단을 할 땐, 내가 보고 들은 정보나 내 생각이 틀릴 수 있다는 가능성을 열어둘 필요가 있어요. 내 기억이 거짓일 수 있다는 가능성을 열어두는 것만으로 다른 사람의 의견을 받아들일 공간이 생기거든요. 나와 다른 의견이나 정보를 경청하는 자세를 가질 때 사고의 오류를 줄일 수 있답니다. '내 말이 맞아!'라고 외치기 전에 '다시 한번 의심해 보기!'를 꼭 기억하세요.

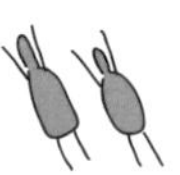

6. 내가 이만큼 해줬으니, 내게 보답하겠지?

#홀드업 문제

검은 머리카락만 좋아하는 세상에서 살고 있는 여러분에게 너무나 사랑스러운 애인이 다가와 애교스럽게 말합니다.

"난 분홍색 머리카락이 좋아. 날 위해 분홍색으로 염색해 줘."

쉽지 않은 선택이지만 사랑하는 애인을 위해서라면 한 번쯤 도전해 볼만한 것도 같습니다. 애인에게만 잘 보이면 될 것 같죠. 그렇다면 조건을 하나 더 붙여서 분홍색 염색약은 한 번 염색하면 머리카락이 다 자라 나올 때까지 재염색이 안 된다고 가정해 볼게요. 여러분이라면 어떻게 하실래요?

염색한다

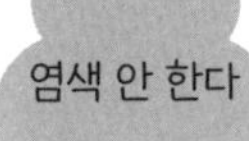

만약 애인의 말대로 분홍색으로 염색한다를 고르셨다면 여러분은 사랑의 인질이 되었습니다. 검은 머리카락만 좋아하는 사람들에게 여러분은 더 이상 매력적으로 다가오지 않거든요. 사랑에 빗댄 건 농담이에요. 사랑을 이렇게 얘기하면 안 되죠. 그렇지만 이 농담 안에는 중요한 경제 논리가 들어가 있어요. 상대방을 내게 맞추게 한 후, 좀 더 전문적인 용어로 말하면 '특정 관계를 위한 투자Relationship specific investment'를 하게 하고 나서, 다른 곳과는 거래하기 힘들게 만드는 전략이거든요.

대기업과 중소기업 간의 거래에서 이와 유사한 전략이 사용되곤 합니다. 예를 들어 자동차 대기업에서 핸들을 납품하는 중소 기업에게 자신들에게만 맞는 특수 핸들 제작을 의뢰했다고 해봐요. 특수 핸들 제작을 위해 공장 설비를 바꾸면 다른 자동차 회사에는 납품이 힘들어집니다. 그렇게 특수 핸들에 맞추어서 공장 설비를 모두 바꾸고 나면, 자동차 대기업은 핸들을 싸게 납품해달라고 압박을 하기가 쉽겠지요. 그 핸들 업체는 다른 자동차 회사에 납품하기가 어려울 테니 말이에요. 다른 기업과의 관계를 끊고 특수 핸들에 맞게 공장 설비를 바꾼 일이 핸들 업체를 마치 인질로 붙잡힌 듯한 상황으로 만든 셈입니다. 이런 문제를 경제학에서 '홀드업Holdup;인질 문제'라고 부릅니다.

실제로 이런 상황을 현명하게 해결한 사례가 있습니다. 미국의 자동차 대기업 제너럴모터스GM는 자동차의 가장 바깥 몸체를 생산하는 피셔 바디Fisher Body에 특수한 차체를 생산해 달라고 요구했었어요. 피셔 바디가 제너럴모터스의 요구에 맞추어 특수 차체를 공급하기 위해 모든 공정 과정을 바꾸면 다른 자동차 회사에 차제를 공급하지 못하는 홀드업 문제가 생기겠죠. 그러자 제너럴모터스와 피셔 바디는 이 문제를 과감히 해결합니다.

"좋다. 맞춰주겠다. 하지만, 나랑 결혼한 후 하자."

답은 결혼이었습니다. 두 회사를 하나의 회사로 합쳐버린 겁니다. 괜찮은 조건으로 합병하고 나서 차체를 공급받았죠. 하나의 몸이 되어버렸으니 홀드업 문제가 사라진 거예요.

후계자 결정 문제도 홀드업 문제와 연결됩니다. 대기업 일가를 중심으로 한 드라마를 보면 나이가 많은 대기업 회장님이 경영권을 놓치 않는 모습이 종종 나옵니다. 경영권을 쥐고 자식들 중 누가 잘하나를 지켜보죠. 자식들은 경영권을 차지하고 싶어 서로 경쟁을 하고, 심지어 암투가 벌어지기도 하죠. 경영권이 인질이 된 상황입니다. 이런 걸 보면, 그냥 얼른 후계자를 정해 경영권을 물려주어 안정을 찾게 하는 게 좋지 않을까 싶어요. 경영권을 물려받은 후계자는 회장님이 얼마나 고맙겠어요! 동화 속에 보면 제비도 은혜를 갚는데, 고마우면 그만큼 잘할 것 같지 않나요?

이 질문에 답이 되어 줄 이야기가 있습니다. 중국 역사상 가장 먼저 통일왕조를 이룬 건 진나라지만, 가장 오랫동안 통일을 유지한 건 한나라예요. 진나라가 멸망한 후 분열된 중국을 한나라로 통일한 게 '유방'입니다. 유방은 한나라를 세울 때 초나라와 전쟁을 치렀어요. 이때 맞선 상대가 '항우'예요.

항우와 그의 부하들 그리고 유방 모두 진나라 시황제의 횡포 속에서 힘들었어요. 그래서 진나라 시절 항우를 중심으로 반란을 일으켰고, 반란이 성공하면서 진나라가 멸망하고 중국이 쪼개진 거예요. 항우는 자신의 부하들을 쪼개진 여러 나라의 왕들로 임명했습니다. 그리고 권력에 욕심이 있던 사람은 아니었는지 핵심 지역이 아닌 자신의 고향 지역인 초나라의 왕으로 갑니다. 한 나라를 무너트릴 정도였으니 힘만 보면 유방보다는 항우가 훨씬 강했죠. 하지만 이 전쟁에서 정말 이상한 일이 벌어졌습니다. 이전 전쟁에서 항우를 도와 함께 싸웠던 장수들이 이번에는 유방 편에 서서 항우와 맞서 싸웠다는 겁니다. 항우가 이들을 섭섭하게 했던 걸까요? 전혀 아닙니다.

아이러니하게도 항우가 핵심 지역이 아닌 자신의 고향으로 간 게 결정적인 원인이자 실수였습니다. 부하들 입장에서 볼 때 항우가 자신들에게 더 해줄 수 있는게 없다고 느껴진 겁니다. 반대로 유방은 자신의 세력을 구축하고 있었기에, 유방 편에 서면 차후에 자신들에게 뭔가를 해줄 수 있다고 보였겠죠. 항우는 부하들을 붙들고 있을 인질을 놓친 겁니다. 결국 미래에 받을 것을 위해 자신들을 왕으로 임명해 준 과거의 은인인 항우를 배신한 사람들. 이들은 특정 관계를 위한 투자를 항우가 아닌 유방에게 한 것이죠.

이런 관점에서 보면, 앞서 이야기했던 드라마 속 회장님은 경영권을 넘겨주지 않는 게 현명합니다. 은혜 갚는 제비는 동화 속에나 나오는 일인 걸까요? 정말 사람들은 과거의 고마움은 저버리고 미래의 이익만을 따르는 걸까요?

누군가와 관계를 맺을 때, '특정 관계를 위한 투자'를 하는 데는 신중해야 하는 게 맞아요. 거래 관계에서 상대가 내게 얻을 수 있는 이익을 미리 모두 주는 것도 현명한 건 아닐 거예요. 하지만, 많은 경우에 사람들은 자신에게 호의를 베푼 사람에게 자신도 호의적으로 대해요. 과거에 받은 작은 선물 때문에 내 결정이 흔들리는 일도 있죠(이에 대해선 4장에서 살펴봅니다). 사람과의 관계, 사업적인 관계 모두에서 내가 먼저 잘 대해주고 상대도 호의적이면 나도 호의적으로 대하는 게 가장 좋습니다. 장기적으로 지속되는 관계를 가정하고 상대와의 거래에서 가장 큰 이익을 얻는 전략을 찾아내는 대회에서도 먼저 호의적으로 시작해서 상대가 호의적이면 나도 호의적으로 대하고, 상대가 나쁜 행동을 할 때 나도 호의를 저버리는 전략이 우승하기도 했어요.[8]

8. Axelrod, R. (1984), Evolution of Cooperation, Basic Books, ISBN 0-465-02122-0

2장

대화를 나누는 행동경제학

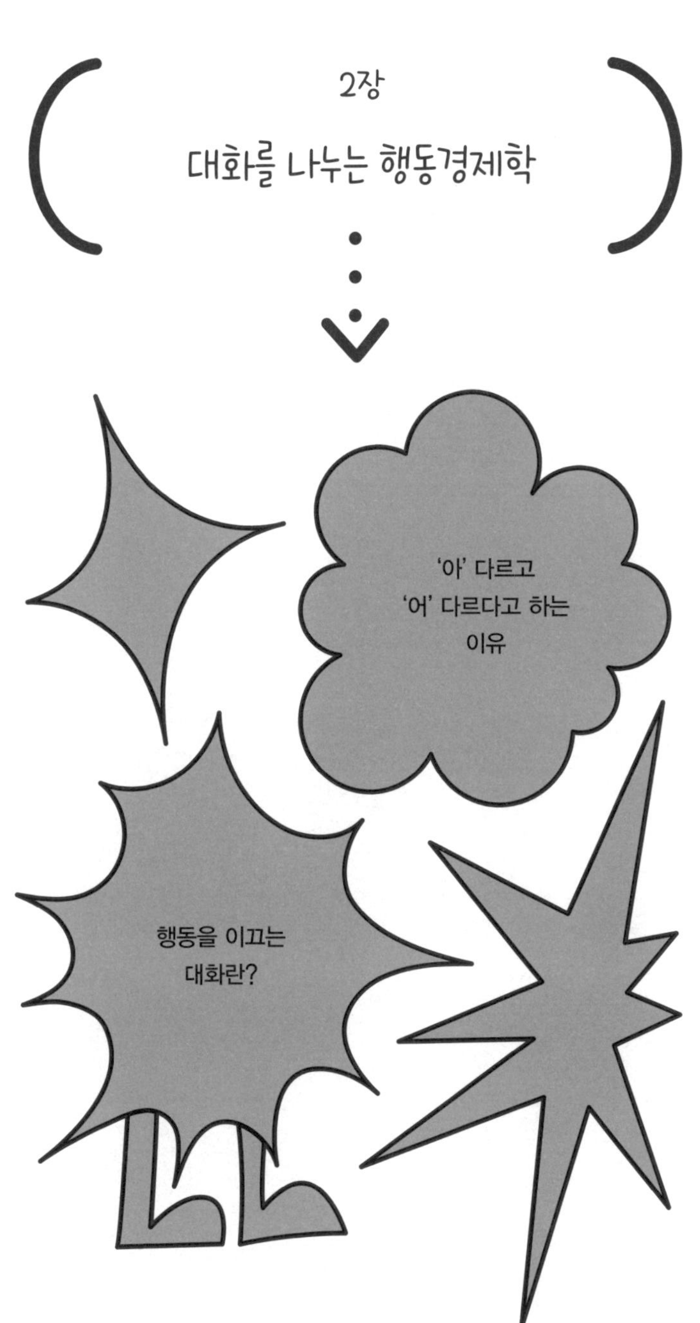

가치는 절대적인 것이 아니라
상대적인 기준에서 만들어진다.

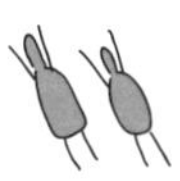

1. 부탁 전에 먼저 해야 하는 일?

#상호성의 법칙

여러분이 누군가에게 무언가를 요청해야 하는 상황입니다. 그 누군가가 평소 여러분과 친하게 지내던 사이면 참 좋겠지만 아쉽게도 그렇지 않습니다. 불쑥 찾아가서 "나 OO 좀 부탁해"라고 얘기하기가 쉽진 않을 거예요. 그럼 반대로 평소 친하지 않던 친구가 여러분을 불쑥 찾아와서 부탁한다고 생각해보세요. 대뜸 부탁을 들어달라고 말하는 친구보다는 사정을 설명하며 부탁하는 친구의 부탁을 더 들어주고 싶겠죠. 또 빈손으로 와서 부탁하는 친구보다는 작은 간식이라도 사 들고 와 이야기하는 친구의 부탁에 더 귀 기울이게 될 거예요. 그래서 무언가 부탁할 때 작은 간식이라도 사 들고 가서 얘기하자고 하지요. 이런 생각이 너무 낯부끄러운 생각일까요?

심리학자 데니스 리건Dennis Regan[9]은 실제로 간식과 같은 작은 호의가 부탁 수락에 효과가 있는지 실험해 봤어요. 실험 참여자들에게는 그림을 감상하고 감상평을 하는 수업이라고 알렸습니다. 실험 참여자들을 A그룹과 B그룹 두 그룹으로 나누고, 피터라는 조교에게 실험자 역할을 부여했어요. 그에게 참여자들과 그림을 함께 감상하라고 지시하고, A그룹 참여자들과 그림을 감상할 때는 음료를 사 와서 그들에게 나눠주라고 했어요. B그룹 참여자들과 그림을 감상할 때는 음료를 나눠 먹지 않았죠. 음료 제공 이외의 모든 과정은 같았습니다. 이후 실험이 시작됐죠! 피터는 각 그룹에게 다음과 같은 부탁을 했어요. 자신이 사회적 취약계층을 돕는 자선 행사를 준비하고 있는데, 행사 진행을 위한 티켓을 판매한다고요. 그러자 음료를 나눠주었던 A그룹에서 티켓이 B그룹보다 2배나 많이 팔렸습니다. 너무 당연한 결과라고 생각되나요? 리건의 연구는 오래되고, 많이 알려진 연구예요. 누군가에게 호의를 받으면 다시 누군가에게 호의를 베푼다는 것이죠. 이를 '상호성Reciprocity'의 법칙이라고 부릅니다. 누군가에게 부탁하려고 하면 먼저 호의를 베풀고자 하는 마음이 은연중에 들곤 하는 건 자연스럽게 체득된 사회성 아닐까 싶어요.

9. Dennis T. Regan (1971), Effects of a favor and liking on compliance Author links open overlay panel, Journal of Experimental Social Psychology 7(6), 1971, 627–639

미국에는 어디 가나 팁 문화가 있어요. 호텔, 음식점 어디에 가도 가격의 15~25% 정도를 팁으로 줍니다. 음식점에서 서빙을 하는 종업원들의 경우 팁을 받아야 급여가 메워진다고 생각하는 경우가 많다고 해요. 물론 팁이 법적 강제 사항은 아니고 자발적으로 주는 겁니다. 그런데요, 음식점 종업원들이 손님들에게 사탕이나 작은 껌 등을 얹어 계산서를 내밀면 팁이 늘어난다고 합니다.[10] 정말 신기하죠?

"어린이는 무항생제 우유 먹어야죠. 무료예요. 먹어 보세요."

"천연화장품. 한 번 써보세요! 샘플이에요."

또 마트나 백화점을 가면 우유를 무료로 시식해 보라고 나눠주기도 하고, 화장품 샘플을 무료로 주기도 하죠. 안 받으면 몰라도 받고 그냥 꿀꺽하긴 어쩐지 찜찜합니다. 아마 무항생제 우유가 어린이 건강에 좋으니 정말 무료로 먹으라고 준 건 아니겠죠. 먹어 보고 구독해달라는 마음이 있었을 거예요. '안 그래도 우유 먹으려고 했던 참인데, 이왕이면 이 우유로 먹지 뭐'

10. Michael Lynn and Michael McCall (1998) Beyond Gratitude and Gratuity: A Meta-Analytic Review of the Predictors of Restaurant Tipping. Unpublished manuscript, Cornell University, School of Hotel Administration, Ithaca, NY

하는 의사결정을 내리게 될 가능성이 커지게 됩니다. 포인트는 호의를 받고 나면, 어쩐지 남한테 빚진 마음이 들게 된다는 겁니다. 이런 심리적 부담에서 벗어나고 싶어서 상대의 부탁을 들어주게 되는 거죠. 저는 예전에 무료 체험이나 무료 샘플을 받아보는 걸 무척 좋아했는데요. 그런 경우 무료 경험에서 소비로 이어지는 경우가 많긴 하더라고요! 전 당시에 새로운 걸 경험해 보기 위해 무료로 제공되는 호의를 적극적으로 활용했던 거예요. 하지만, 소비지출을 줄이기로 결심하고는 샘플과 체험을 줄였답니다. '무료로 샘플만 받고 말아야지'는 생각보다 쉽지 않아요. 호의를 받고 그냥 넘어가기가 쉽지 않았죠. 아예 무료 체험과 샘플 등 호의를 받지 않아야 소비로 이어지지 않더라고요. 상호성의 법칙은 의외로 꽤 강해요. 소비를 줄이고 싶을 땐, 무료로 주는 시식, 체험, 샘플을 자제하는 것도 팁입니다!

상호성의 법칙 중 설득에 활용할 수 있는 걸 얘기해 볼게요. 일명 '일보 후퇴 이보 전진' 전략입니다.

지난 주말 조카가 제게 와서 해맑은 표정으로 말했습니다.

"이모, 포켓몬 카드 사주세요!"

문제는 포켓몬 카드가 19,500원이나 하는 것이었어요. 그래서 너무 과한 거 아니냐고 했죠.

"그럼 딸기 아이스크림이라도 사주세요!"

결국 전 아이스크림을 사줬습니다. 뭔가 이상하다 느껴지나요? 조카는 먼저 큰 요구를 했죠. 그에 대해 제가 거절하니 조카는 수긍해서 양보한 셈이고요. 그리고 먼저보다 작은 부탁을 합니다. 그 안에는 '나도 양보했으니 이모도 양보해 줘'라는 느낌이 들어있고요. 한 번 내가 양보했으니, 이모도 양보해야 한다는 상호성이 들어가게 되는 거예요. 그러니 전 양보하게 되는 거고요. 이건 여러분도 뭔가 상대를 설득하거나 협상하고자 할 때 유용하게 활용할 수 있지 않을까요? 나중에 어른이 되어 임금 협상을 하게 되어도, 자신이 바라는 것보다 좀 더 높게 요구해 보세요. 그런 다음 절충하는 과정으로 제시된 금액을 수용하는 거죠. 주의할 점은요, 순서가 뒤바뀌면 안 된다는 거예요! 큰 요구를 먼저 하고, 다음에 작은 요구를 해야 한다는 것, 기억하세요!

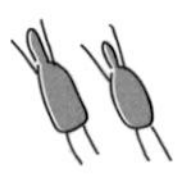

2. 사실은 그들도 칭찬을 원해

#사소한 칭찬의 힘

"국어 시간에 발표 정말 잘하더라."

"오늘 신발이 멋지네."

"진짜 웃기다. 말을 참 재밌게 하네."

"네가 빌려준 책 너무 재밌었어!"

"머리 좋구나. 엄청 똑똑하네."

최근 일주일간 누군가를 칭찬한 적이 있나요? 많이 떠오를수록 내가 원하는 걸 남도 원하도록 만드는 '설득'을 잘할 가능성이 큽니다. 유치원, 초등학교 때는 부모님과 선생님들로부터 칭찬을 자주 받는데, 커가면서 칭찬받는 일도 칭찬하는 일도 점점 적어집니다. 어릴 때 칭찬받았던 기억을 떠올려보세요. 뭔가 우쭐해지기도 하고 기분도 좋아졌을 거예요. 칭찬해 준 사람을 좀 더 긍정적으로 보게 되고, 그와의 관계도 더 돈독해지고요. 칭찬하는 데 돈이 드는 것도 아니고, 큰 힘이 드는 것도 아니니 자주 하면 좋은데 왜 우린 칭찬에 인색한 걸까요? 아마도 누군가를 칭찬하려고 하면 쑥스럽기도 하고, 내가 아부하는 듯한 인상을 줄까 봐 걱정해서가 아닐까요? 그런데요, 이건 오해예요!

에리카 부스비Erica J. Boothby와 버네사 본스Vanessa K. Bohns는 칭찬의 효과를 실험해 봤어요.[11] 실험 참가자들은 대학생들이었는데, 학교 내의 식당, 건물 로비 등 여러 장소에서 만나게 되는 사람에게 가벼운 칭찬을 하도록 했어요. "셔츠가 예쁘네요!"처럼 옷차림에 관련된 가벼운 칭찬이었어요. 칭찬하는 역할을 한 참여자들은 대체로 자신들이 하는 칭찬이 상대방의 기분을 좋게 만드는 데 큰 역할을 하지 못할 것으로 예측했어요. 칭찬을 받는 사람들이 자신의 칭찬을 불편하고 귀찮게 생각할 것으로 생각하는 사람들도 꽤 있었죠. 하지만 칭찬받은 사람들은 생각보다 꽤 좋아한 걸로 나타났습니다. 그걸 알게 된 칭찬을 한 사람들의 기분도 역시 좋아졌고요. 이런걸 '사소한 칭찬의 힘

11. Boothby, E. J., and Bohns, V. K. (2021). Why a simple act of kindness is not as simple as it seems: Underestimating the positive impact of our compliments on others. Personality and Social Psychology Bulletin, 47(5), 826–840. https://doi.org/10.1177/0146167220949003

Positive impact of compliments'이라고 부릅니다.

칭찬할 때 상대방이 귀찮아하거나 아부를 떤다고 여기리라 생각하는 건 오해였어요. 어린아이들은 칭찬받으면 기분이 좋은 게 겉으로 티가 나지만, 청소년기가 되고 성인이 되면 칭찬받고도 기분 좋은 걸 겉으로 잘 드러내지 않는 경우가 많지요. 그래서 오해를 하게 되는 거고요. 칭찬받아 기분이 좋아지면, 상대가 부탁하는 요구에 응해줄 가능성도 커집니다. 부탁 전에만 하는 게 아니라, 평소에 칭찬을 통해 호감을 높여두면 더 좋겠죠. 하루에 한 번 정도는 상대방을 가볍게 칭찬해 보세요. 물론 아닌 걸 억지로 만들어서 칭찬하는 건 좋지 않아요. 터무니없는 칭찬은 오히려 역효과가 날 수 있죠. 진정성 있는 칭찬일 때 효과가 좋습니다. 상대의 좋은 점을 찾아보면 칭찬할 거리는 무궁무진해요. 칭찬은 사람을 기분 좋게 하는 가장 쉬운 방법이란 걸 잊지 마세요! 더불어 내가 누군가로부터 칭찬받으면 확실하게 고마움을 표시하세요.

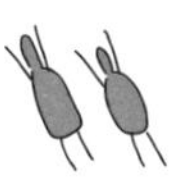

3. 주인공을 위해 들러리를 만들라고?

#미끼 효과

여름 방학, 가족 여행을 어디로 갈지 정하려고 해요. 여러분은 바다가 보이는 리조트에 가고 싶은데, 엄마는 도심 호텔 패키지를 하고 싶어 하는 상황입니다. 가족회의로 여행지를 정하는데, 여러분이 몇 가지 대안을 제시하기로 했어요. 원하는 곳으로 여행지를 정하는 방법, 뭐가 있을까요? 결론부터 말하면 근사한 리조트 A, 도심 호텔 패키지 B. 두 개의 대안만 제시하지 말고 A보다 살짝 못한 A-도 하나 더 만들어 세 개의 대안을 제시하는 게 좋아요. 왜 그런지 살펴볼게요!

여러분이 대학생이 되었고, 주말에 파티에 간다고 상상해 보세요. 여러분은 친구가 두 명 있습니다. 하지만 파티는 둘 중 한 사람하고만 갈 수 있죠. 친구 한 명은 나와 전혀 다른 매력을 가진 스타일의 친구고, 다른 한 명은 나와 스타일 비슷한데 나보다 살짝 매력이 덜한 친구예요. 파티에서 주목받고 싶다면 어떤 친구와 함께 가야 할까요? 댄 애리얼리Dan Ariely는 이 질문에 답이 되어 줄 흥미로운 실험을 했어요. 미국 MIT 대학에서 서로 다른 매력을 가진 A와 B 사진을 두고 지나가는 학생들에게 누가 더 매력적인지 물었어요. A를 선택한 이들과 B를 선택한 이들의 수가 비슷했어요. 이후 A 사진을 포토샵으로 조작해 약간 못 생기게 만든 사진을 A-를 추가했어요. A, A-, B 세 가지 사진을 제시하자, 압도적으로 A가 가장 매력적이라고 고르는 사람들이 많아졌어요. A-가 있을 때 A에 대한 호감도는 평균 76%가량 상승했습니다. 마찬가지로 B사진을 포토샵으로 조작해 약간 못생긴 B-사진을 만들어 A, B, B- 세 가지 사진을 제시하자, B가 가장 매력적이라고 하는 이들이 많아졌죠. 서로 다른 매력을 가진 A와 B를 비교해서 선택하기는 힘들지만, 비교 대상이 생기자 달라진 거예요. 여전히 A와 B는 우열을 가리기 힘들지만, A보다 좀 못생긴 사람보다 A-가 끼어있으니 어쩐지 A가 더 좋아 보이는 겁니다. 두 가지 중 선택하기 어려울 때, 겉보기에는 기존 두 대안보다 좋지 않은 또 다른 대안이 추가되면 비교를 통해 기준 두 가지 선택 중 하나를 더 매력적으로 느끼게 만드는 겁니다. 이런 걸 '미끼 효과decoy effect'라고 불러요. 파티에서 주목받고 싶다면, 나랑 닮았지만 조금 덜 매력적인 친구를 데려가면 된다는 결론이 나오나요? 제가 학교에서 이런 얘기를 하면, 학생들은 '그 친구는 무슨 죄냐, 말도 안 되는 얘기'라고 합니다. 맞아요. 나랑 다른 매력을 가진 스타일의 친구와 가서 각기 다른 개성을 발산하며 즐겁게 지내고 오기 좋겠지요. 단지, 실험해 보니 나랑 닮았지만 조금 덜 매력적인 사람이 함께 있을 때 내가 돋보이더라는 얘기를 하는 겁니다. 친구 관계에 이런 실험 결과를 적용하면 안 되겠죠. 하지만, 이 실험이 우리 생활 속에서 적용되는 사례가 있어요.

사고 싶은 물건을 고르는 상황을 생각해 볼게요. 상품A와 상품B 중에 고르려고 합니다. A는 품질이 뛰어나지만, 가격이 비싸고 B는 가격이 저렴하지만 품질이 약간 떨어집니다. A와 B를 비교해보면 품질면에서는 A가 좋고, 가격 면에서는 B가 좋으니 두 상품은 서로에 대해 1승 1패입니다. 품질과 가격 모두 포기하기 힘들어 우열을 가리기 어렵습니다.

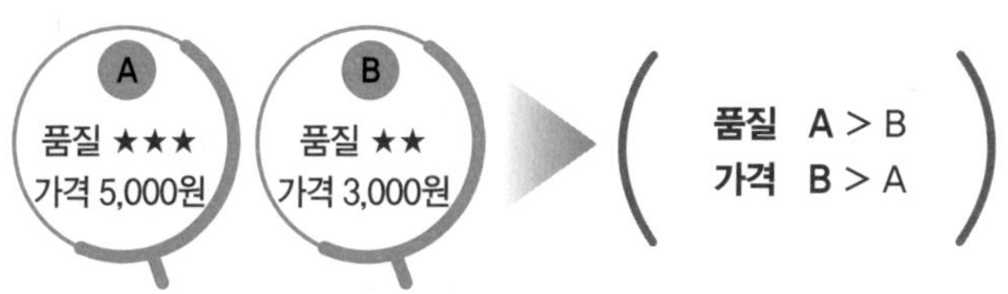

그러던 중 상품 C가 눈에 띄었어요. C는 B에 비해 가격이 좀 더 비싸고, 품질도 B보다 안 좋아요. 사진 실험으로 얘기해 보자면, C는 B-인 셈입니다. A와 B를 비교해서 고르려고 하는데, B보다 품질과 가격경쟁력이 모두 떨어지는 C의 등장이 선택에 영향을 줄까요? 합리적이라면 영향을 주지 않아야 해요. 하지만 영향을 줍니다.

C는 A에 대해 1승 1패예요. A보다 품질이 좋지 않지만, 가격경쟁력은 있으니까요. C가 B에 대해서는 2패입니다. B보다 가격경쟁력도 안 좋고, 품질도 안 좋으니까요. 여전히 A와 B를 비교할 땐 1승 1패이지만, 사람들의 심리는 다르게 움직입니다. 'A와 C 사이에선 1승 1패인데, B와 C 사이에서는 B가 2승이네. 그러니까 A보다 B가 낫군'이라고요. 사실상 고려 대상이 되면 안 되는 C의 등장으로 A가 아닌 B를 선택하게 되는 경우가 많습니다. 이런 현상을 미끼 효과Decoy effect 혹은 들러리 효과라고 해요. 두 가지 선택지를 두고 고민하고 있을 때 새로운 선택지가 나타나면 기존 두 가지 선택지 중 한 가지 선택지의 선호도가 증가하는 현상이죠.

미끼 효과는 우리가 수많은 매장에서 물건을 선택해 소비하고, 수많은 사람 중 한 사람을 택하고, 여러 대안 중 가장 적절한 대안을 찾을 때 흔하게 일어납니다. 일부러 C와 같은 상

품을 만들어 두는 경우가 종종 있는데, 이런 걸 미끼 상품이라고 불러요. 실제로 주방가전을 만드는 미국 회사 '윌리엄스소노마Williams Sonoma'에서 가정용 제빵기를 처음 만들어 275달러에 내놓았어요. 처음 출시되었을 때 사람들의 반응은 싸늘했어요. 집에서 식빵을 만들어 먹으려고 275달러나 쓰느냐는 반응이었죠. 이때 이 회사가 찾은 해결책은 처음 만들어진 제빵기보다 더 크고 비싼 제품을 만든 겁니다. 이 후속 제품은 429달러에 출시되었는데 그 후, 제빵기 판매가 2배가량 늘었어요. 그런데 잘 팔린 제품은 후속 모델이 아니라 처음 만든 제빵기였어요. 후속 제품이 이전 상품과 비슷하지만 약간 못한 미끼 상품의 역할을 한 거죠.

쉽게 내릴 수 없던 결론이 나도 모르는 순간 갑자기 쉽게 결론이 났다면 이런 상황이 아닌지 의심할 필요가 있어요. 결론을 내릴 수 없던 상황인데 아무런 근거 없이 갑자기 결론을 내린 경우 내 주위에 상품 C가 있는 게 아닌지 확인해 볼 필요가 있습니다. 가족 여행지를 결정하는 사례에서처럼, 여러분이 무언가 함께 결정해야 하는 일에 여러분이 여러 대안을 제안한다고 한다면, 미끼 효과를 활용할 수 있는 거예요! A안과 B안 둘 중, 여러분은 A안이 마음에 든다면, A안과 비슷하지만 A보다 살짝 못한 A-안을 만들어 세 가지를 함께 제시하세요. 그럴 때 A안이 선택될 확률이 높아질 테니까요.

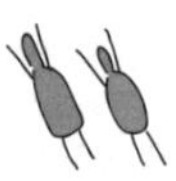

4. 좋은 점 먼저, 불리한 건 아껴놓기

#낮은 공 기법

얼마 전 부모님 생신 파티에 쓸 특별 케이크를 맞추려고 온라인으로 검색하며 알아봤어요. 숫자 모양 케이크가 마음에 들었는데, 케이크 모양은 비슷해 보여도 가게마다 가격이 달랐죠. 다른 곳보다 저렴한 가게가 있어 클릭해 봤어요. 장식, 크기 등의 옵션을 선택할 때마다 추가 금액이 붙어서 결국 다른 가게들의 가격과 비슷해지더라고요. 게다가 배송비까지 붙으니 전혀 가격이 싼 게 아니었죠. 이런 경험 있지 않으세요? 가격이 괜찮아서 고르려고 보니 이것저것 추가해야 하는 게 많아져서 속은 것 같은 기분을 느끼기도 하잖아요. 속은 것 같아 기분이 나빠지면 오히려 역효과 나는 게 아닐까도 싶지만, 일회적으로 물건을 팔거나 상대를 설득하기에는 꽤 효과적인 전략입니다. 일명 '낮은 공 기법'이라고 불러요. 낮은 공은 야구에서 투수가 타자 앞에서 아래로 뚝 떨어지는 공을 던지면, 타자가 이에 속아

배트를 휘두르게 되는 상황에서 나온 말입니다. 처음에 가운데로 날아오르는 공처럼 좋은 조건을 제시해서 상대방이 관심을 가지게 만들고, 차츰 숨겨두었던 비용이나 좋지 않은 조건을 공개하는 전략이죠.

네 명의 심리학자 로버트 치알디니Robert B. Cialdini, 존 카치오포John T. Cacioppo, 로드니 바셋Rodney Bassett, 존 밀러John A. Miller는 낮은 공 기법의 효과를 실험해 봤어요.[12] 실험에 참여할 대학생을 두 가지 방법으로 모집했어요.

A그룹에게는 간단한 실험에 참여할 것인지를 먼저 물었어요. 참여하겠다고 하면, 실험이 아침 7시에 시작한다는 조건을 밝혔죠. 아침 일찍 시작한다는 걸 알린 후 다시 실험에 정말 참여할지 물어봤어요. B그룹에게는 실험이 아침 7시에 시작한다는 사실을 먼저 알리고, 실험에 참여할지 물었어요. 아침 일찍 실험이 시작된다는 걸 알리며 참여 여부를 물었던 B그룹에서는 31% 참여하겠다고 했지만, 먼저 실험에 참여하겠다는 동의를 받고서 아침 일찍 시작한다고 밝힌 그룹 A의 경우 56%가 실험에 참가하겠다고 했어요.

12. Cialdini, R. B., Cacioppo, J. T., Bassett, R., & Miller, J. A. (1978). Low-ball procedure for producing compliance: Commitment then cost. Journal of Personality and Social Psychology, 36(5), 463 – 476. https://doi.org/10.1037/0022-3514.36.5.463

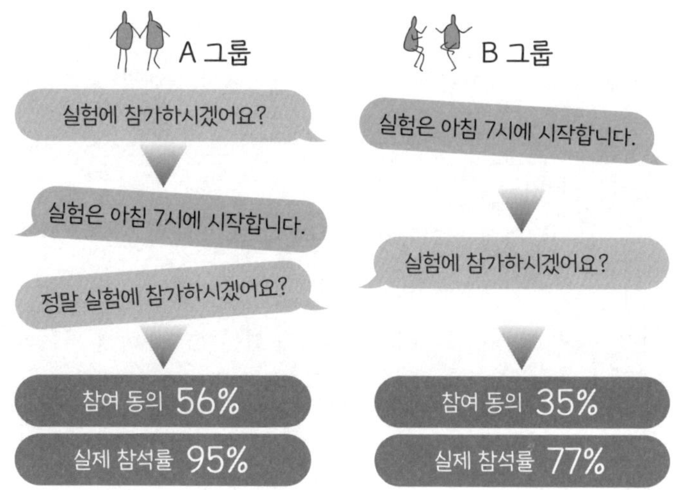

실제 실험이 진행되는 날 참석한 비율도 차이가 있었어요. 실험 시간을 먼저 알고 참가 의사를 밝힌 B그룹 학생들은 77%가 참석했지만, 먼저 실험 참가 동의를 얻고 아침 일찍 시작한다는 걸 들은 A그룹 학생들은 95%가 참석했습니다. 나쁜 조건을 나중에 들은 학생들이 실험 참여에 동의할 확률도 높고, 실제로 참여할 확률도 높았던 거죠.

사람들에겐 자신이 결정한 것에 대해 일관성을 지키고 싶어 하는 본성이 있어요. 자신이 내린 결정이 잘못되었다는 걸 인정하려면 심리적으로 불편한 마음이 들거든요. 사람들에게 이런 본성이 있음을 생각해 보면, 내가 원하는 걸 상대에게 설득할 때 좋은 조건들을 먼저 제시하고 나중에 불리한 조건을 공개하는 게 유리할 수 있는 거예요. 하지만, 낮은 공 기법은 지속적으로 관계를 맺는 사람들을 대상으로 사용하는 건 좋지 않아요. 제가 케이크를 고르며 느꼈던 것처럼 속았다는 느낌을 받을 수 있기 때문입니다. 결함이나 단점을 숨긴 채 우선 제안을 수락하게 하는 것이기 때문에, 받아들이는 사람 입장에서 기분 나쁠 가능성이 큽니다.

간혹 "간단한 부탁 하나 들어줄래?"라고 물어오는 사람들이 있어요. 진짜 간단한 부탁인 경우도 있지만, 알겠다고 하고 듣다 보면 전혀 간단하지 않은 경우도 많죠. 이런 경우엔 섣불리 알겠다고 대답하지 말고, 어떤 부탁인지 먼저 자세히 얘기하라고 하는 게 좋습니다. 숨겨진 조건이 없는지 묻는 것도 좋은 방법이고요. 낮은 공 기법을 상대에게 사용할 땐, 그가 기분 나빠하지 않을 정도의 조건만 숨기는 게 좋아요. 혼자 무거운 물건을 옮기고 정리하는 일을 해야 하는 상황이라고 해봐요. 물건이 무거워 혼자 옮길 수 없으니 옮기는 걸 도와 달라고 부탁해서 옮기고 난 다음, 정리하는 것도 도와줄 수 있는지 묻는 거죠. 이 정도는 상대를 기분 나쁘게 하지 않으면서 상대가 날 돕도록 하는 좋은 기법이 아닐까요?

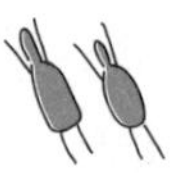

5. 그들이 진짜 원하는 걸 찾으라고?

#사회적 바람직성 편향

누군가에게 어떤 상품을 판다는 건 뭘 뜻할까요? 상품이 상대에게 그가 지불한 가격보다 더 큰 만족감을 가져다준다고 설득했다는 걸 의미할 거예요. 가격보다 더 큰 만족감을 얻을 수 있다고 판단해야 상품을 구매할 테니까요. 상품을 기획하고 생산하고 판매하려면, 상대가 진짜 원하는 게 뭔지 찾아야 해요. 진짜 원하는 걸 찾아 만들고, 이 제품이 당신들이 원하는 거란걸 알려서 구매하도록 설득해야겠죠. 참 어려운 과정입니다.

열 길 물속은 알아도, 한 길 사람 속은 모른다고 하잖아요. 사람들의 선택에는 여러 심리가 복합적으로 작용하거든요. 어떤 제품을 선호하는지 물으면, 가격 대비 성능이 좋은 게 좋다고 답하는 경우가 많습니다. 비용과 만족감을 비교하는 게 합리적 선택이라고 생각하기 때문이에요. 누군가가 물어보거나 설문에 답할 땐, 사회적으로 바람직하다고 생각하는 방향으로 대답하는 경향이 나타날 수 있어요. 이런 걸 '사회적 바람직성 편향SDR; Social-desirability bias'이라고 해요. 솔직한 자신의 선호를 숨기고 바람직하다고 여겨지는 쪽으로 답하는 거죠. 하지만, 가격 대비 성능이 좋으면 무조건 잘 팔리느냐 하면 꼭 그렇지도 않아요. 같은 상품이라고 해도 포장이 어떠한지에 따라 다르게 반응하기도 하고요. 상대가 원하는 걸 찾았다고 생각해도 실패하기도 하고, 성공하기도 하죠. 몇 가지 사례를 보면서 상대가 원하는 걸 찾아 구매하도록 설득할 땐 어떤 걸 고려해야 할지 생각해 보세요

세상에서 가장 싼 자동차가 안 팔린 이유, 승차감이 아닌 하차감이 중요하다?

가격 대비 품질을 의미하는 가성비. 가성비 좋은 상품을 선택하는 게 보통 합리적인 선택으로 여겨지고, 가성비 좋은 제품은 판매가 잘 되리라 생각하지만 그렇지 않은 경우가 있습니다. 인도의 대기업인 타타그룹이 만든 자동차 '타타 나노'는 '지구상에서 가장 저렴한 자동차'라는 기네스 기록을 가지고 있어요. 차를 살 여력이 없는 저소득층에게 마이카시대를 열어준다는 가치를 걸고 10만 루피(약 160만 원; 2024년 6월 환율 기준)에 세상에 나왔습니다. 아빠가 스쿠터를 운전하고 그 앞에는 어린

아이가 타고, 뒤에는 아기를 안은 아내가 타고 다니는 모습을 본 타타그룹 회장이 가난한 이들을 위해 안전하고 저렴한 자동차를 만들고자 한 노력의 결과였어요. 가격을 파격적으로 낮출 수 있었던 비결은 무엇일까요? 우선 차체 크기를 줄였어요. 타이어도 작고 가볍게 조정했고, 엔진은 2기통으로 했어요. 휠에는 3개의 너트만 배치했습니다. 에어백은 물론 라디오, 안개등, 히터, 에어컨도 뺐죠. 사이드미러는 운전석 쪽에만, 와이퍼도 하나만 두었어요. 트렁크는 따로 없이 뒷좌석을 접어 사용하도록 했고요. 비용 절감 아이디어를 총동원한 거죠.

타타그룹은 나노가 자동차산업의 판도를 바꿀 수 있을 것으로 기대했지만, 실적은 참담했어요. 사람들에게 외면받은 160만 원짜리 자동차. 스쿠터 한 대에 부부와 두 아이가 위험하게 타는 것보다 훨씬 안전하고, 가격 차이도 스쿠터와 얼마 나지 않는 나노 타타. 시장에서 외면받을 이유가 없을 것 같은데 왜 그랬을까요? 인도에서 자동차는 단지 이동 수단이 아니었어요. 자동차는 자신을 나타내는 수단이라고 생각하는 거예요.

인도처럼 강하지는 않지만 우리나라에도 자동차가 자신을 나타낸다는 인식이 어느 정도 있긴 합니다. 현대자동차는 TV 광고를 통해 '그랜저=사회적 성공'이라는 이미지를 입혀 좋은 실적을 냈어요.

광고는 그랜저가 가졌으면 하는 성공 이미지를 한 줄 카피로 표현하며 시작했죠. 이후로도 그랜저에 성공 이미지를 입힌 광고 시리즈가 계속 나오고 있지요. 저희 아버지는 오랜 기간 판사로 근무하시다가 그만두고 변호사로 활동하시는데요, 변호사 활동을 시작하시면서 자동차부터 바꾸셨던 게 기억나요. 왜 자동차를 바꾸는지 여쭤보니, '좋은 차를 타야 의뢰인이 능력 있는 변호사라고 신뢰한다'고 말씀하시더라고요. 그게 무슨 말일까 싶었는데, 드라마에 등장하는 능력 있는 변호사나 사업가는 좋은 차를 타고 다니는 모습으로 표현되는 경우가 많더군요. 좋은 문화라고 볼 수 없지만, 저렴한 자동차를 타고 다니는 변호사의 모습은 능력 없는 걸로 비칠 수 있겠구나 싶어요. 선호에 따라 괜히 비싼 자동차를 살 필요 없다고 생각해서 가성비 좋은 차를 선택할 수도 있지만요.

타타 나노는 가난한 사람을 위한 차라는 이미지로 시작했고, 이런 이미지는 오히려 구매 의욕을 떨어뜨렸습니다. '하차감'이 좋은 차라는 신조어도 있더라고요? 저는 처음에 승차감을 잘못 말한 건가 싶었는데, 차에서 내릴 때 누군가의 시선을 생각한다는 의미로 하차감이란 단어를 쓰는 거였어요. 신조어를 활용해서 표현하면, 타타 나노는 하차감이 좋지 않아 시장에서 외면받았다고 정리가 되네요. 누군가 그러더군요. 가성비는 남들한테 보여지는 상품이 아닌 자신이 혼자 사용하는 상품에 적용되는 거라고요. 집에서 혼자 유튜브를 보기 위해 태블릿을 구매하고자 한다면, 다른 기능이 생략된 가성비 좋은 태블릿을 선택하겠지요. 선택에 따르는 편익 안에는 자신이 실제 소비를 통해 느끼는 만족감뿐 아니라, 타인에게 보여지는 만족감도 포함된다는 걸 생각해서 상품 개발과 마케팅을 해야겠네요.

〈건축학개론〉이란 영화에 보면, 남자 주인공이 마음에 드는 티셔츠를 입고 나갔는데 그 제품이 유명 브랜드 디자인을 모방한 제품인 걸 알게 되는 장면이 있어요. 창피해하며 다시는 그 옷을 입지 않아요. 그렇다고 모두가 항상 꼭 고가의 유명 브랜드만 선호하는 건 아닙니다.

"오해하지 마세요. 이거 명품 아닙니다."

SNS 섬네일을 클릭해 보니, 뷰티 인플루언서가 고가 브랜드 제품과 품질은 비슷하면서 가격은 훨씬 저렴한 제품을 비교하고 있었어요. '다이소 샤넬 립밤'이라고 불린다던데, 혹시 아시나요? 발색과 느낌은 정말 비슷한데, 가격은 21배 차이가 난다면서 저렴한 제품을 칭찬하고 있었어요. 중저가 의류 브랜드에서도 명품 느낌을 살리면서도 다른 개성의 디자인을 가미한 제품이 인기래요. '듀프Dupe' 소비가 합리적이라고 하면서요. 듀프는 복제를 뜻하는 'Duplication'에서 따온 건데요, 똑같이 모방한 불법 복제와는 달라요. 느낌은 살리되 차별성 있게 변형하는 거래요. 같은 품질이라면 저렴한 브랜드를 사는 게 합리적이라고 생각하는 젊은 층에 듀프 제품이 인기를 끌고 있습니다. 복제품은 싫지만, 고가 브랜드의 느낌은 낼 수 있는 제품을 사고 싶어 하는 잘파세대의 심리를 잘 읽어낸 제품 개발 · 마케팅 사례로 볼 수 있겠죠.

SNS에 뜬 광고 제품을 보고 마음에 들어 구매한 적 있나요? 저는 종종 있어요. 제가 요즘 관심 있고, 좋아하는 스타일의 제품을 딱 알고 광고가 나오더라고요. '어쩜 내가 필요한 걸 이렇게 잘 알지?' 싶었는데요. 제가 어떤 걸 클릭하고 보는지 AI가 분석해서 그에 맞춤 광고를 띄우는 거라고 하더라고요. 직접 뭘 좋아하는지 묻는 것보다, 사람들의 행동을 관찰할 때 오히려 그들의 선호를 더 잘 파악할 수 있기 때문이에요. 온라인에서의 행동을 AI가 관찰하듯 여러분 주변 사람들의 실제 행동과 말도 잘 관찰하면 그들이 무얼 원하는지 찾을 수 있을 거예요.

숏보다 작은 피코 사이즈, 인도 스타벅스에만 있는 이유?

여러분, 우리나라 스타벅스에서 가장 작은 사이즈가 뭔 줄 아세요? 혹시 톨Tall이라고 생각한 친구 있나요? 몇몇은 톨

이라고 답했을 수도 있고, 숏Short이라고 했을 수도 있어요. 우리나라를 비롯한 세계 여러 나라의 스타벅스 매장에서 가장 작은 사이즈는 숏Short; 237ml이거든요. 그런데, 얼마 전 인도 여행 중 더 작은 사이즈가 있는 걸 발견했지 뭐예요! 180ml 피코 사이즈인데 컵이 손바닥보다 작았어요. 작은 사이즈가 출시되었다고 곳곳에 광고 사진도 붙어있더라고요. 이게 뭐 대단한 일이라고 제가 이렇게 얘기하나 싶을지 몰라요. 하지만! 신기한 건요, 우리나라에선 숏 사이즈는 광고는커녕 메뉴판에조차 적어두지 않습니다. 355ml 톨 사이즈부터만 메뉴판에 있죠. 우리나라에선 작은 사이즈를 숨기면서, 인도에선 더 작은 사이즈를 만들고 광고까지 하는 이유가 뭘까요?

저는 한동안 스타벅스에 숏 사이즈가 있는 줄도 몰랐었어요. 메뉴판에는 톨(355ml), 그란데(473ml), 벤티(591ml) 사이즈 세 가지만 있습니다. 가끔 적은 양만 마시고 싶어도 톨 사이즈를 주문해서 남기곤 했지요. 그런데 옆 테이블에 앉은 분이 더 작은 사이즈의 커피를 들고 있는 걸 발견했어요. 직원에게 물어봤죠. 그랬더니 숏 사이즈라고 하면서, 메뉴판에는 없지만 주문하면 드린다고 얘기하더라고요. 가격은 톨 사이즈보다 500원 더 저렴하다고 하고요. 대체 왜 숏 사이즈는 메뉴판에 적어두지 않는지 의아했어요. 제가 고민하며 찾은 이유 얘기해 볼게요.

우선, 한 잔을 팔았을 때의 이익이 숏 사이즈보다 톨

사이즈가 큽니다. 커피를 만드는 원가에서 가장 많은 부분을 차지하는 건 에스프레소예요. 아메리카노는 에스프레소에 물을 부어 만듭니다. 숏과 톨 사이즈 모두 커피 에스프레소 1샷이 들어가요. 톨 사이즈 아메리카노는 숏 사이즈에 비해서 118ml의 물이 더 들어가는 거죠. 가격 차이는 500원이고요. 생수를 쓰는 것도 아닌데, 물 118ml가 500원이나 하지는 않죠. 스타벅스 입장에서 큰 사이즈를 파는 게 작은 사이즈를 파는 것보다 더 이익이 되는 거예요. 한 사람이 커피숍에 와서 여러 잔의 커피를 마시지는 않으니, 이윤이 많이 남는 큰 사이즈 한 잔을 파는 게 낫겠지요. 그럼 작은 사이즈는 만들지를 말지, 손님이 찾으면 팔긴 하면서 메뉴판에는 적어두지 않는 이유가 뭘까요?

가격에 민감하지 않아서 톨 사이즈의 가격을 기꺼이 지불할 의향이 있는 사람들에게 굳이 더 저렴한 게 있다고 알려줘서 이윤이 적게 남는 숏 사이즈를 주문하게 만들고 싶지 않은 거예요. 커피를 적은 양만 마시고 싶고, 톨 사이즈 가격이 부담되는 사람들은 더 작은 사이즈가 없는지 직원에게 물을 수 있겠지요. 이처럼 가격에 민감하고 작은 사이즈를 찾는 사람들에게는 숏 사이즈를 파는 겁니다. 혹은 자주 오는 손님들은 숏 사이즈가 있는 걸 알게 되어 주문할 수도 있겠고요. 단골 고객에게 할인해 준다고 생각할 수도 있겠네요. 이런 이유로 우리나라뿐 아니라 스타벅스의 본고장 미국을 비롯해 세계 여러 나라의 스타벅스에선 메뉴판엔 숏 사이즈를 적어 놓지 않고, 은밀히 판매합니다. 그런데 왜 인도에서는 숏 사이즈보다 더 작은 피코 사이즈를 만들고, 이걸 숨기지 않고 메뉴판에 적어둘 뿐 아니라 광고까지 하는 걸까요? 인도의 1인당 평균 소득 수준은 우리나라보다 훨씬 낮아요. 톨 사이즈 아메리카노 가격은 우리나라에서 4,500원, 인도에서 210루피(약 3,500원; 2024년 6월 기준)로 인도가 더 저렴하지만 평균적인 소득과 비교해서 보면 인도인들이 훨씬 부담스러울 겁니다. 인도의 1인당 국민총소득GNI은 2,390달러로 우리나라 33,745달러의 1/14 수준이거든요(2022년 기준, world bank). 인도에서 차茶 한 잔에 15루피(약 250원; 2024년 6월 기준) 정도 한다고 하니 얼마나 비싸게 느껴질지 아시겠지요? 인도에서 커피를 판매하기 위해선 가격을 낮추는 게 필요하겠지요. 그 방법의 하나로 더 작은 사이즈를 만들어서 저렴하게 내놓는 거랍니다. 인도에서 새롭게 만든 피코 사이즈(180ml)는 175루피(약 2,900원; 2024년 6월 기준)라고 해요.

"저렴한 작은 사이즈를 만들었으니, 마시러 오세요"

작은 사이즈와 저렴한 가격을 강조하며 홍보했죠. 스타벅스가 우리나라에선 작은 사이즈를 숨기지만 인도에서는 더 작은 사이즈를 만들고 홍보까지 하는 이유, 결국 가능한 많은 소비자들의 지갑을 열게 하기 위한 가격 전략이라고 볼 수 있습니다. 이처럼 최대한 지불하고자 하는 가격이 다른 시장, 혹은 사람들에게 다른 가격을 적용하는 걸 가격차별Price discrimination이라고 해요.

'같은 물건이면 같은 가격'이라는 게 오랜 기간 경제 법칙으로 인정되어 왔지만, 이 법칙은 점차 깨져가고 있어요. 미국의 대형 온라인 쇼핑몰인 아마존은 시간대에 따라, 계절에 따라, 심지어 사람에 따라 다른 가격을 적용하고 있습니다. 다이내믹 프라이싱Dynamic pricing이라고 해서, 실시간으로 가격이 변동되는 거예요. 특정 제품을 사람들이 많이 클릭하고 사고자 하면 그 상품 가격이 실시간으로 올라가요. 세탁을 많이 하는 여름철엔 세탁세제가 비싸지는 식이죠. 주기적으로 특정 물건을 구매하는 사람에겐 그 제품 가격을 살짝 올려둡니다. 그 사람이 미세하게 가격을 올렸는데도 지속적으로 구매하면, 그 가격으로 유지하는 거예요. 우리나라에서도 이와 유사한 가격 전략을 택하는 쇼핑몰이 생기고 있어요. 여러분도 자주 이용하는 쇼핑몰이 있다면 한 번 유심히 관찰해보세요!

스타벅스의 숏 사이즈, 우리나라에선 가격에 민감하거나 단골인 고객들에게 할인해 준다는 느낌으로 은밀하게 판매해요. 하지만 평균적인 소득 수준이 낮은 인도에서는 더 작고 저렴한 사이즈를 만들어 홍보함으로써 고객을 확보하고자 합니다. 그들은 커피에 대해 최대한 지불할 의향이 있는 가격이 낮으니까요. 이렇게 지불 의향 가격이 다른 사람들에게 다른 가격을 책정하는 걸 '가격 차별'이라고 합니다. 가격 차별의 사례를 생활 속에서 찾아보세요!

가구에 일부러 흠집을 내서 파는 이유

저는 얼마 전 책상을 새로 구입했어요. 튼튼하고 제게 잘 맞는 제품을 구매하고 싶어 여러 가구점을 다니며 비교해 보았죠. 그러다 마음이 드는 제품을 발견했는데, 가격이 높아 망설여졌어요. 그런데 온라인으로 상품을 검색하다 보니 흠집이 있는 제품을 파는 할인 매장이 있는 거 아니겠어요. 약간의 흠집이 있는 동일한 제품을 훨씬 저렴한 가격에 판매하더라고요. 반품되면서 포장이 손상되거나 흠집이 생긴 제품, 부속품의 일부가 분실된 상품들을 저렴하게 파는 거예요. 이런 걸 '리퍼브Refurb 제품'이라고 합니다. Refurbish의 약자로, '새로 꾸미다'라는 뜻을 가진 단어예요. 크기가 큰 가전제품이나 가구는 운송되는 과정에서 흠집이 나기도 쉽죠. 이렇게 손상된 제품을 폐기하는 것보다는 저렴하게 판매하는 게 훨씬 좋겠지요. 쿠팡 등 온라인 쇼핑몰에서도 반품된 제품에 '반품-최상', '반품-상' 등 이름을 달아 30~40% 할인된 가격으로 다시 파는 경우가 흔하더라고요. 저는 흠집 제품을 구매했고 매우 만족해요. 그런데 제 이야기를 들은 친구는 간혹 일부러 흠집 내서 팔기도 한다는 소문이 있다는 거예요. 일부러 제품에 흠집을 내서 판다는 게 말이 될까 싶긴 한데요. 한 번 경제적으로 생각해 봐요. 업체가 일부러 제품에 흠집을 낼 만한 경제적인 이유가 있는 걸까요?

미국 시어스 로벅Sears Roebuck이란 업체는 이렇게 흠이 있는 제품을 할인 가격으로 판매해서 성공을 거두었다고 해요. 이 업체는 흠이 있는 가전제품을 할인해서 판매하는 기간을 두고 있어요. 미국에서 오랫동안 공부한 친구 이야기를 들으니, 이곳에서도 할인 판매 기간이 다가오면 시어스가 일부러 멀쩡한 제품에 흠집을 낸다는 소문이 돌기도 한 대요. 이 소문이 진짜인지 아닌지는 알 수 없지만, 업체가 일부러 제품에 흠집을 낼 만한 타당한 경제적인 이유는 있어요.

기업 할인 전략의 목표는 본래 가격이라면 상품을 구매하지 않을 구매자들을 끌어들이는 거예요. 이때 본래 가격에 구매할 만한 사람들에게는 할인을 하지 않아야겠죠. 비싼 가격에 살 사람들에게는 비싼 가격을 받고, 그 가격에는 구매하지 않을 사람들에겐 할인해서 판매할 때 기업의 이익이 최대가 될 수 있으니까요. 하지만 동일한 상품을 사람에 따라 다른 가격을 적용할 수는 없어요. 이때 흠집날 상품을 할인해서 판매하는 게 좋은 방법이 될 수 있습니다. 이런 할인 제품을 구매하기 위해서는 몇 가지 장애물을 뛰어넘어야 합니다. 우선, 할인 기간이 언제인지 혹은 할인 매장이 어디인지 알아내야 해요. 할인 기간까지 기다리거나 조금 거리가 먼 할인 매장까지 가야 해요. 또한 제품에 흠집이 있는 걸 감수해야 하고요. 본래 가격이라도 기꺼이 사고자 하는 사람들은 이런 장애물을 감수하지 않을 거예요. 가격이 저렴해야만 살 구매자들만 이런 장애물을 받아들일 거고요.

자연적으로 반품 혹은 운송 과정 중 손상되는 제품이 생겨서 할인해서 판매하면, 본래 가격에 살 생각이 없던 사람들까지 구매자로 끌어들일 수 있으니 손상 제품이 생기지 않았을 때보다 오히려 기업의 이익이 커질 수도 있는 거죠. 손상된 제품을 충분히 확보하지 못한 경우에는 멀쩡한 제품에 흠집을 내는 것이 이익이라고 생각했을 법도 합니다. 물론 실제로 기업에서 제품에 일부러 흠집을 냈는지 아닌지는 알 수 없지만요. 만약에 이런 전략을 쓴 기업이 있다고 해도, 비난할 만한 일은 아닙니다. 제품의 판매는 증가하고, 평균적인 생산비용은 줄어들어서 결국에는 제품의 본래 가격이 낮아질 수도 있으니까요.

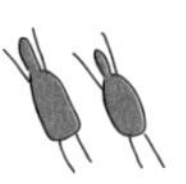

6. 내 성과의 가치를 존중받는 방법

#거래효용

여러분 'Do a Bradbury'라는 말을 아세요? 호주 국립 어학사전에 등재된 구문인데요, '예기치 못한 행운을 만나다'란 뜻이에요. Bradbury는 사람 이름입니다. 2002년 솔트레이크시티동계올림픽에서 남자 쇼트트랙 1,000m에서 금메달을 딴 호주 선수죠. 스티븐 브래드버리가 올림픽에 출전했을 때, 메달을 따리라고 예상하는 사람들은 아무도 없었다고 해요. 예선 통과도 어려울 거라고 생각했죠. 실제로 예선 경기에서 다른 선수들보다 뒤처지고 있었는데, 앞서 있던 몇 명의 선수들이 실격당하면서 예선을 통과해요. 준결승 전에는 세계 최정상 선수들과 함께 조 편성이 되었고, 꼴찌로 마지막 트랙을 돌아서 탈락이 눈앞에 있던 순간 앞선 선수들이 다 넘어지는 일이 발생해요. 결승에서도 똑같은 일이 벌어지고요. 아니, 이런 엄청난 행운이 있을 수 있나요? 처음에 호주 국민들은 브래드버리의 금메달은 펠리컨이 물어다 준 메달이라며, 부끄러워했다고 해요. 그런데 지금은 국민적 영웅이 되었어요. 그 이유, 알아볼까요?

제가 친구에게 똑같은 가방을 선물하면서 이탈리아에서 사 왔다고 할 때와 집 앞 가게에서 사 왔다고 할 때, 어떤 게 더 가치 있는 선물로 느껴질까요? 어쩐지 이탈리아에서 사 온 가방이 더 가치 있다고 느껴집니다.

이때 마음속에서 어떤 물건을 가치 있게 느끼게 하는 중요한 요인은 '얼마나 어렵게 멀리서 왔는가'입니다. 멀리서 어렵게 왔기에 더 커진 만족감을 '거래효용'이라고 해요. 실제 가치와는 무관하지만, 어렵게 얻었기 때문에 더 큰 만족을 느끼는 거예요. 물론 힘들게 얻었기 때문에 더 가치가 있다고 느끼고 더 높은 가격을 지불하고자 하는 건 합리적인 의사결정이 아닙니다. 하지만 사람들의 심리에 거래효용이란 게 존재한다는 건 알아차릴 필요가 있지요.

SNS에서 많이 소개되며 인기 있는 가게들의 특징. 한 가지를 꼽아보면 대기하는 줄이 길다는 겁니다. 음식점이든 물건을 파는 가게든, 그곳에서 파는 게 정말 가치가 높아서 인기가 있고 그래서 줄이 긴 걸 수도 있어요. 그런데, '줄이 길어서, 가기가 어려우니' 더 인기가 많아지는 측면이 분명 있습니다. SNS에 올라오는 맛집 후기들을 보면, '이런 인파를 뚫고', '드디어', '기다린 끝에' 등의 말들이 많이 나와요. 몇 년 전 폭발적인 인기를 끈 도넛 가게가 있었어요. 인테리어가 예쁘고, 도넛 패키지도 감각적으로 만들어서 대기하는 줄이 어마어마하게 길었어요. 어렵게 도넛을 사 먹고, 그 장면을 SNS에 올렸습니다. 그런데 점포를 많이 늘려서 더 이상 줄을 서지 않아도 되자, SNS에 올리고 싶은 마음이 줄어들고 점차 인기가 없어졌어요.

거래효용은 돈에도 적용이 됩니다. 같은 금액의 돈이라도 쉽게 들어온 돈과 어렵게 번 돈은 느껴지는 가치가 다르거든요. 실제로 백화점에서 경품으로 10만 원 상품권이 당첨된 상황을 두고 실험을 해봤어요. 당첨자들을 A그룹과 B그룹으로 나눴어요. A그룹에게는 그 자리에서 상품권을 바로 나눠주었고, B그룹에게는 상품권이 백화점 본사에 있어서 지점 직원이 본사에 가서 찾아와서 드린다고 하고는 한참 대기 후 수령할 수 있게 했어요. 이런 경우 A그룹 사람들은 대체로 상품권을 모두 사용하고 가지만, B그룹은 좀 더 신중하게 사용합니다. 쉽게 번 돈은 쉽게 쓰게 된다는 겁니다. 쉽게 벌었든 어렵게 벌었든 같은 가치의 돈임을 인지하고, 그 돈으로 할 수 있는 여러 대안을 떠올려보세요. 좀 더 신중하게 사용할 수 있을 거예요.

'Do a Bradbury'의 브래드버리 선수가 호주의 국민적 영웅이 될 수 있었던 건, 호주 사람들 마음에 브래드버리 선수의 거래효용이 적절히 작용했기 때문이에요. 그가 앞선 12년간 올림픽 출전권을 획득했지만 안타깝게도 부상으로 번번이 좌절되었던 불행했던 선수라는 사실이 알려졌거든요. 2002년 올림픽에서 얻은 행운이 저절로 떨어진 게 아니라, 그가 힘들게 돌고 돌아 찾아왔다고 생각하게 되면서 사람들의 태도가 바뀌었어요. 노력했지만 불운했었다는 이야기를 들으니, 그의 운은 단순한 운이 아니라 멀리서 어렵게 온 운이라고 생각하게 된 겁니다.

누군가 나의 성과를 우연이나 행운이라 치부하면 속상할 거예요. 이럴 때, 행운이 아니라 내 노력에 의한 것이라고 하기보다 그동안의 불행을 얘기하는 게 효과적일 수 있답니다. 거래효용의 개념은 여러분이 대학교 면접 볼 때도 활용할 수 있어요. 면접관들의 단골 질문 중의 하나가 "왜 지원했나요?"예요. 그런데 이때, "집이랑 가까워서요."라고 답하면 스스로 거래효용을 떨어뜨리는 겁니다. 멀리서 힘들게 와야 하지만, 그럼에도 이 학교를 선택한 특별한 이유가 있다고 얘기할 때 면접관들의 거래효용[13]이 높아져서 여러분이 더 가치 있게 느껴지거든요.

혹시 친구들과 대화할 때도 뭐든 쉽게 하는 척, 뭐든 잘하는 척하고 있진 않나요? 오래 걸려서 한 숙제를 금방 했다고 한다거나 구하기 힘든 아이돌 굿즈를 쉽게 구했다고 허세 아닌 허세를 부리기도 하고 말이죠. 능력 있어 보이는 것도 좋지만 가끔은 내가 이걸 해내기 위해 얼마나 많은 노력을 했는지 어필하는 것도 좋아요. 하지만 과한 어필은 상대방의 기분을 상하게 만들 수 있다는 거 잊지 마세요! 이전에 자신이 노력했지만 실패했던 일들도 함께 얘기해도 좋고요.

13. 거래효용: 물건의 실제 가격과 마음속 가격의 차이에 따라 느끼는 만족감

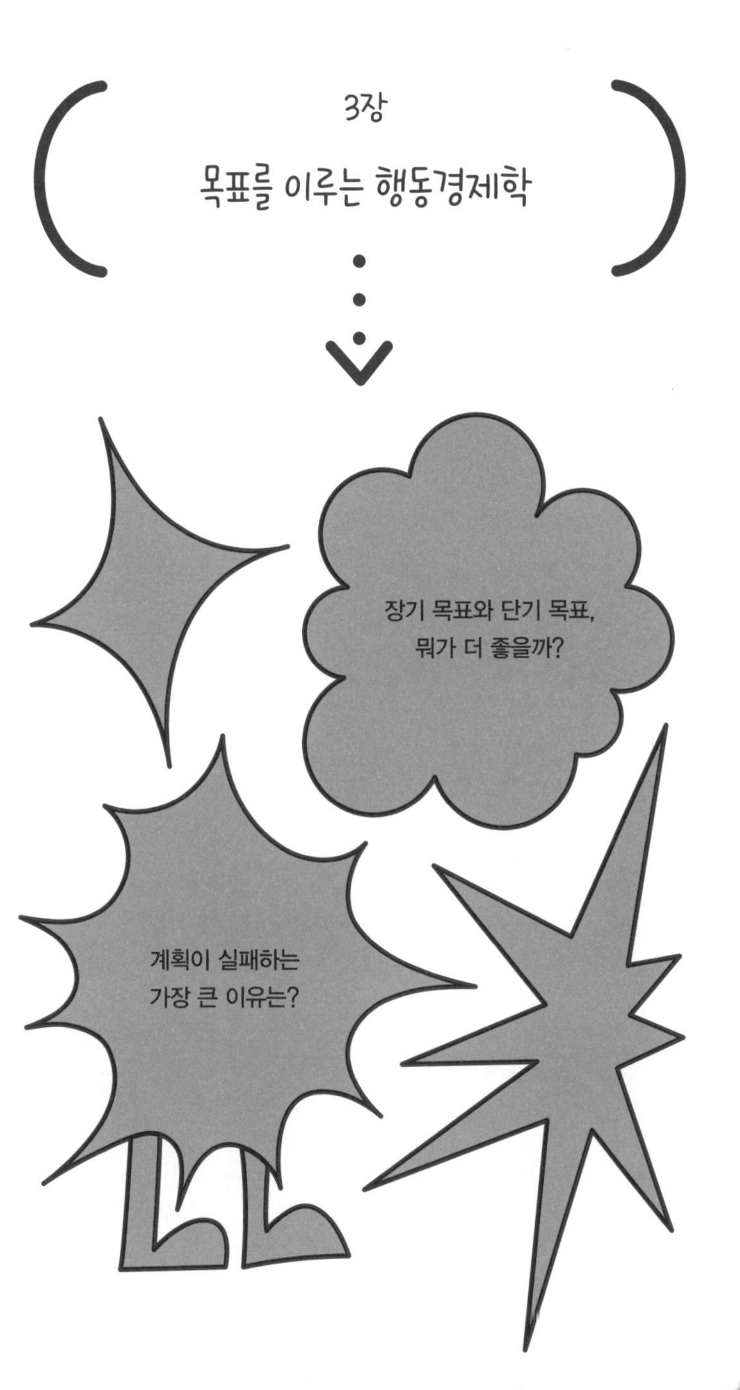
3장
목표를 이루는 행동경제학
장기 목표와 단기 목표,
뭐가 더 좋을까?
계획이 실패하는
가장 큰 이유는?

사람들은
선택의 자유를 좋아하지만,
너무 많은 선택은
결정을 어렵게 만든다.

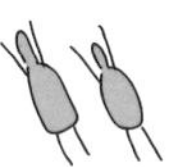

1. 발표, 먼저 할까 나중에 할까?

#순서 효과

학교 수행평가 시즌. 과목마다 수행평가가 있으니, 발표할 일이 쓰나미처럼 몰려옵니다. 뭔가 조사하고 탐구해서 발표하는 것들도 있고, 악기 연주도 있죠. 발표하는 순서를 이름 '가나다' 순으로 정하기도 하지만, 먼저 하고 싶은 사람 먼저 하라고 하기도 하는데요. 빨리하는 것과 나중에 하는 것, 어떤 게 더 현명한 선택일까요?

학창 시절을 되돌아보면, 저는 언제나 출석 번호가 앞쪽이었어요. 성이 ㄱ으로 시작하니까요! 수행평가가 있어도 번호 순서대로 하는 경우가 보통이어서, 저는 앞에서 세 번째나 네 번째 정도에 하게 되었죠. 가끔은 가장 먼저 하게 되기도 했고요. 발표든 악기 연주 시험이든, 발표 순서가 빠른 편이어서 빨리하고 난 이후에 마음 편히 다른 친구들의 발표를 들을 수 있었어요. 한편으로는 뒤 순서 친구들 하는 걸 보면서, '아, 이런 부분은 이렇게 하는 게 좋구나' 느끼기도 하고, '이런 걸 반영해서 했더라면 더 좋았겠다'하는 아쉬움이 마음에 남곤 했어요. 그리고 사실 제가 발표 순서를 정할 수 있다면 저는 늦게 하는 걸 선호했답니다. 그럴 때 결과도 더 좋았고요. 뒤 순서로 하는 걸 선호하는 건 제 개인적인 취향이고, 뒤 순서로 발표할 때 결과가 더 좋았던 건 우연이었다고 생각했어요. 그런데요, 발표든 면접이든 순서상 나중에 하는 게 더 좋다는 연구가 있더라고요. 심지어 앞 사람의 발표나 면접 과정을 관찰할 수 없는 조건에서도 말이에요.

빅터 긴즈버그Victor Ginsburgh와 얀 반 아우르스Jan van Ours[14]는 세계적인 국제 피아노 콩쿠르에서 연주하게 되는 순서와 평가 사이에 어떤 관련이 있는지 상관관계를 분석했어요. 분석한 공연은 벨기에에서 열린 퀸 엘리자베스 콩쿠르 피아노 부문이었죠. 이 콩쿠르는 결선 마지막 단계에서 열두 명의 피아니스트들이 우승을 위해 경쟁해요. 하루에 두 명씩, 6일 동안 밤마다 차례대로 피아노 연주를 하게 되죠. 야간 연주회를 하는 거예요. 콩쿠르 심사위원회는 이 분야의 전문가들로 구성되는데, 각자 독립적으로 점수를 매겨요. 이 점수를 합산해서 우승자가 결

14. Victor A. Ginsburgh and Jan C. van Ours(2003), Expert Opinion and Compensation: Evidence from a Musical Competition, American Economic Review 93(1), 289–296

정됩니다. 우승자는 상금을 받을 뿐만 아니라 세계적인 콘서트 공연을 약속받기도 한다고 해요.

긴즈버그와 아우르스의 분석에 따르면, 6일 중 첫 번째 날 연주한 두 명의 결선 진출자는 두 번째 날 이후에 연주한 결선 진출자들에 비해 평균적으로 세 순위 낮은 평가를 받았다고 해요. 무작위로 순서를 정했기 때문에, 순서와 연주 실력과는 무관했는데 말이죠. 또 동일한 날 연주한 두 명의 결선 진출자 중에서는 나중에 연주한 사람이 평균적으로 한 단계 더 높은 순위를 차지했다고 하고요. 6일 중 어떤 날 연주하든 나중에 연주한 사람이 이득을 본 셈이죠.

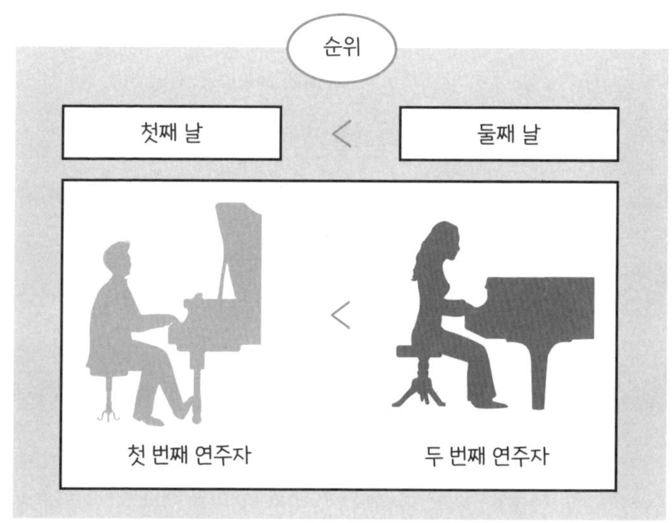

대체 왜 이런 결과가 나오는 걸까요? 전문가나 심사위원은 처음 나오는 사람에게 가장 좋은 점수를 주지 않는 경향이 있기 때문이라고 해요. 평가해야 할 사람들이 여럿 남아 있으니, 어쩐지 가장 높은 점수를 주는 게 꺼려지는 심리가 있나 봐요. 다른 참가자들과 비교해서 점수를 매겨야 하는데 가장 처음 하는 사람은 비교할 기준점이 없으니까요. 운동화를 사러 쇼핑몰에 갔을 때를 떠올려 보세요. 처음 본 게 맘에 들더라도, '좀 더 둘러보면 더 나은 운동화가 있을지 몰라'라는 생각이 들잖아요. 그래서 처음 눈에 들어온 걸 바로 구매하지 않는 것처럼 면접관이나 심사위원도 그런 심리가 있다는 거예요. 남은 후보자가 적을수록, 심사위원들은 높은 실력을 보여주는 사람들에게 높은 점수를 주려는 경향이 있다고 합니다. 이처럼 순서에 따라 평가가 달라지는 현상을 '순서 효과Sequence effect'라고 해요.

순서 효과를 생각하면 발표자들의 실력이 모두 비슷한데 발표 순서를 정할 수 있다면 뒤쪽 순서로 정하는 게 유리할 수 있겠네요. 이 사실을 모두 알고 서로 나중에 하겠다고 다투면 어쩌죠? 사실 우리는 여기서 '뒤쪽 순서'만큼 앞에 붙은 조건을 주의 깊게 봐야 해요. '실력이 비슷할 때' 순서상 끝날 무렵에 하는 게 유리한 거예요. 순서보다 더 중요한 건 실력입니다. 열심히 노력해서 실력을 갖추는 게 더 중요해요. 만약 가장 처음 발표한 사람 실력이 무척 좋았다면, 이후에 발표하는 사람들에게 불리하게 작용할 수 있어요. 특히, 무척 발표를 잘한 사람 바로 뒤에 발표하게 되는 사람에게 불리할 수 있는 거죠. 반대로 실력이 낮은 사람 뒤에 발표하게 되는 사람은 평가를 좀 더 잘 받을 가능성이 있고요. 학교에서 친구들의 실력이 모두 비슷한데, 순서를 자신이 정할 수 있을 땐 끝날 무렵에 하세요! 그게 유리할 수 있으니까요.

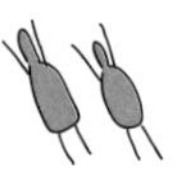

2. 어떻게 하면 미루는 습관을 줄일까?

#자기 절제 도구

여러분은 혹시 밀린 방학 과제를 하느라 개학 전날 밤 샌 적이 있나요? 저는 거의 언제나 그랬어요! 방학할 때는 조금씩 미리 해야지 하다가도 개학이 다가오면 몰아서 하곤 했답니다. 당장 하고 싶은 게임이 있고, 놀거리들이 많잖아요! 눈앞의 만족을 위해서 장기적인 목표를 포기하게 되는 '미루기'. 과제물을 제출해야 하는 학기 말에 유독 아프거나 집안일이 생기는 친구들이 많아지는 것도 미루기와 연관 있지 않을까요? 물론 학기 중 무척 열심히 공부하다 보니 학기 말 즈음 되니 체력적으로 지쳐서 병이 난 친구도 있을 수 있겠지만요. 해야 할 일을 미루기. 누구나 경험이 있을 거예요. 어떻게 하면 미루는 습관을 줄일 수 있을까요?

제가 해 본 실험을 한 번 얘기해 볼게요. 제 수업에서, 학생들에게 수업과 관련한 탐구 과제를 한 학기 동안 세 개를 제출하도록 했어요. 수업에서 배운 경제 원리가 적용된 사례를 찾아 써오는 거였어요. 저는 3년에 걸쳐 매년 동일한 과제를 주고, 마감일을 다르게 적용했어요.

진행일	첫 번째 해	두 번째 해	세 번째 해
마감일	학기 마지막 날	학기 시작 5주 차 학기 시작 10주 차 학기 시작 15주 차	학생 스스로 마감일 설정

스스로 마감일을 정할 땐 세 개 과제를 한 번에 내겠다고 정해도 되고, 세 개 과제를 각각 다른 날 내겠다고 정해도 되었지요. 스스로 미루는 습관이 있다는 걸 알고 세 번으로 나눠서 제출하고자 계획을 짠 학생들도 있고, 학기 말에 한 번에 내겠다고 한 학생들도 있었어요.

저는 3년간 과제물을 채점해 성취도를 비교해 봤어요. 학기 말에 한 번에 세 개의 과제물을 내도록 했던 첫 번째 해 학생들의 과제물의 성취도가 가장 낮았습니다. 마감을 지키지 못한 학생들의 수도 가장 많았고요. 평균적으로 보면, 두 번째 해 학생들의 과제물 성취도가 가장 좋았어요. 과제물의 마감 기한을 늘려달라는 요청도 가장 적었고요. 세 번째 해의 경우, 스스로 마감일을 세 번으로 나누어 정한 학생들의 과제물 성취도가 세 개 과제물을 학기 말 한 번에 제출한 학생들의 과제물 성취도보다 높았습니다. 스스로 마감일을 세 번으로 나눠서 정한 학생들만 놓고 보면 그들의 과제물 성취도가 두 번째 해 학생들의 평균보다도 살짝 높았어요.

이 결과를 보면 어떤 생각이 드나요? 제가 발견한 두 가지를 정리해 볼게요. 첫 번째, '미루기'를 방지하기 위해서는 마감을 나눠서 제시하는 게 필요하다는 것. 두 번째, 누군가가 정해주지 않더라도 스스로 계획을 짜서 마감을 나누어 정할 수 있도록 하면 더 높은 성취를 이루는 데 도움이 된다는 거예요. 이때, 자신이 미루는 경향이 있는 걸 알고 스스로 마감을 나눠서 계획하는 게 성취도를 높이는 데 더 도움이 되고요. 제 사례는 3년에 걸쳐서 했던 실험이다 보니 대상 학생들의 성향이 달랐고, 각 해에 생긴 사회 이슈 등도 달라 결과에 영향을 주었을 수 있어요. 하지만 스스로 미루고자 하는 습관이 있는 걸 인정하고, 스스로 어떤 일을 위한 구체적인 계획을 짜면 미루기 습관을 극복하는 데 도움이 되는 건 분명해요. 경제학자 댄 애리얼리Dan Ariely도 MIT대학 학생들을 대상으로 저와 유사한 실험을 했었는데요. 결과는 비슷했습니다.

마감일을 여러 개로 쪼갠다는 건, 계획 기간을 짧게 잡는 셈입니다. 계획 기간이 짧아지면, 계획을 실행하기가 수월해져요. 작심삼일이란 말이 있잖아요. 3일을 지속하면 결국 1달이 되고 1년이 될 수 있습니다. 구체적인 계획을 짧은 기간으로 나눠 세우세요. 자신이 그 계획을 지키게 만드는 자기 통제 수단을 활용하면 더 좋습니다. 예를 들어, 규칙적으로 운동하기 힘들다면 친구와 시간 약속해서 함께 조깅을 하는 식으로 말이지요. 구체적인 계획을 짜고, 자신만의 자기 절제 도구를 마련하면 미루기를 극복할 수 있을 거예요!

'방학 과제, 내일 하지 뭐', '시험 공부는 내일부터'. 이런 생각 한 번도 안 해본 분, 손 들어보세요! 자신 있게 손 들 수 있는 사람은 거의 없을 것 같아요. 저는 하루에도 몇 번씩 이런 생각을 하거든요. '조금만 더 이따가 시작해야지' 하다가 어느새 저녁, 밤이 되고 졸린 거죠. '내일부터 하자'며 마음 불편하게 잠자리에 드는 경우가 참 많아요. 해야 할 일이나 결심한 걸 미루는 경향이 있는 사람들, 정말 많습니다. '나만 그런 게 아니니까 괜찮다'고 위안도 되긴 하지만, 개선의 노력이 필요해요. 스스로 미루는 습관이 있는 걸 인정하고, 스스로 구체적인 계획을 짧은 기간으로 나눠 짜고, 그 계획을 강제할 수 있는 자신만의 자기 절제 도구를 이용하면 미루기를 극복할 수 있습니다.

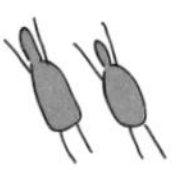

3. 하고 싶지 않은 숙제, 빠르게 끝내는 방법

#자이가르닉 효과

매주 1~2회씩 연재되는 드라마, 웹툰, 웹소설을 보다가 '아!'하고 탄식할 때가 있습니다. 새로운 사건이 막 시작되려고 하거나, 중요한 부분이 나오려는 찰나에 끝날 때죠. 궁금해서 일주일을 기다리기 힘들게 만드는 그들. 전 드라마 마지막 장면과 함께 주제곡이 나올 때면, 약이 오르더라고요. 어찌 딱 저기서 끊어버리나 싶어서요. 다음 화 이야기가 어떻게 진행될지 궁금해서 관련된 생각들이 머릿속을 맴돌죠. 연재 중인 웹툰엔 '완결되고 볼걸. 괜히 지금 봤네. 일주일 어떻게 참지?'라는 댓글들도 달리곤 하더라고요. 드라마도 마찬가지죠. OTT에 올라와 있는 완결된 드라마 리뷰에는 '궁금해서 이틀 밤새 정주행했다'는 얘기들이 많아요. 저도 매회가 끝날 때마다 궁금해서 밤새 몰아서 보고는 학교 가서 졸았던 경험도 있답니다. 그래서요! 저는 웬만하면 드라마를 안 봐요. 한 회차 보면 계속 보게 되는 그 마음 때문에, 한 편으로 끝나는 영화를 선호한답니다. 궁금하면 못 참는 저 같은 성향인 친구들은 길게 연재, 연속되는 드라마나 웹툰은 아예 시작을 안 하는 게 생활의 흐름을 깨뜨리지 않는 방법일 수도 있어요.

그들은 대체 왜 재밌어지려고 할 때 딱 끊어버리는 걸까요? 일이 일단락되면서 한 회를 마무리해도 되는 데 말이죠. 바로 사람들은 완료된 일보다 끝이 안 난 일을 더 잘 기억하는 성향이 있기 때문입니다. 이를 '자이가르닉 효과Zeigarnik effect'라고 합니다. 연재되는 웹툰을 보는 중에는 세부적인 에피소드들이 잘 기억나는데, 완결된 웹툰이 엔딩을 보고 나서는 구체적인 내용은 금세 잊어버린 경험 있지 않나요? 여러분은 자이가르닉 효과에 빠진 거예요.

러시아 심리학자 블루마 자이가르닉Bluma Zeigarnik[15]은 이와 관련한 실험을 진행했습니다. 실 감기, 종이접기, 구슬 꿰기, 퍼즐 등의 활동을 할 사람들을 모집했어요. 열심히 실 감기 활동하는 중간에 끼어들어 다음 활동인 종이접기로 넘어가

15. Zeigarnik, B. (1938). On finished and unfinished tasks. In W. D. Ellis (Ed.), A source book of Gestalt psychology (pp. 300–314). Kegan Paul, Trench, Trubner & Company.
https://doi.org/10.1037/11496-025

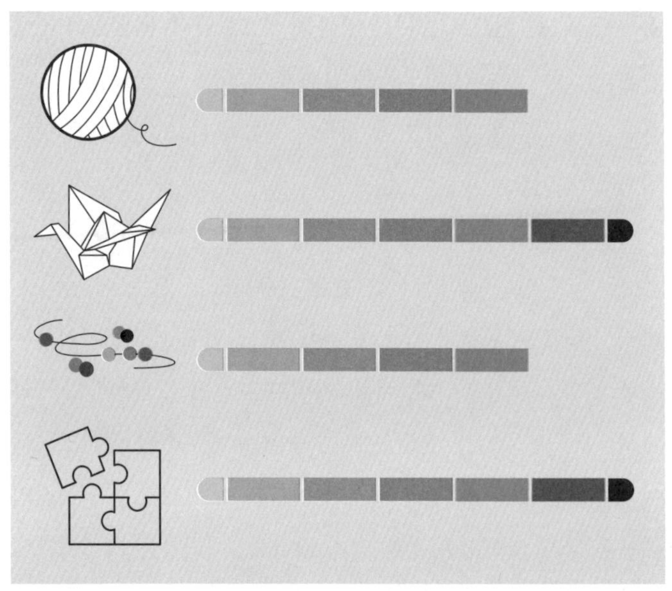

게 했어요. 종이접기를 할 때는 끼어들지 않고, 모두 마친 후 구슬꿰기를 하게 했죠. 그리고 다시 구슬꿰기를 하고 있는 중간에 끼어들어 퍼즐을 하게 한 후 끼어들지 않고 퍼즐을 끝마쳤어요. 실험을 마치고, 사람들에게 활동들을 떠올려보라고 했어요. 도중에 멈추고 넘어갔던 실 감기, 구슬 꿰기를 끝까지 완료한 종이접기와 퍼즐보다 2배가량 더 많이 기억했어요. 놀랍지 않나요? 완료되지 않고 중간에 끊어져서 찜찜할 때 더 궁금증이 생기고, 기억도 더 잘하는 거예요. 심리학자 이름을 따서 '자이가르닉 효과'라고 불러요. '미완성 효과'라고도 하죠. 이 효과는 광고에서 자주 활용됩니다. 결론이 나지 않은 광고가 사람들의 뇌리에 더 오래 박혀있다고 해서, 중간에 끊어버린 듯한 광고를 만드는 겁니다.

누군가가 말을 하려다 말아버리면 대체 무슨 말을 하려고 했을지 더 궁금했던 경험 있을 거예요. 이 효과, 우리가 공부하고 과제를 하는 데도 유용하게 사용할 수 있어요. 제출 마감일이 있는 과제. 하고 싶지 않아서 미루게 되는 그 과제. 일단 시작을 하는 겁니다. 한 번에 모두 끝내려고 하면 잘하게 되지 않아요. 그런 부담 없이 '그냥' 시작하는 겁니다. 책상에 앉아서 10분만, 아주 조금이라도 시작해 보세요. 일단 과제를 시작하고 나면, 자이가르닉 효과에 의해서 그 과제의 내용이 머릿속을 맴돌 거예요. 자꾸 그 과제가 떠오르게 되니, 어느새 책상에 앉아 과제를 하게 되는 거죠. 그렇다고 해서 너무 욕심을 내서 여러 가지 과제를 한 번에 찔끔찔끔 시작만 하면 역효과가 날 수 있어요. 자이가르닉 효과를 이용해서 과제를 얼른 끝내는 전략은, 끝내지 못한 과제에 대한 불편한 마음을 이용하는 거거든요. 그런데 만약에 열 가지 일을 동시에 시작해 두면, 자이가르닉 효과로 인한 불편함은 우리가 집중할 수 있는 수준을 넘어서서 감당이 안 되고 스트레스만 될 수 있어요. 하기 싫은 과제가 많으면, 우선순위를 정해서 하나씩 순서대로 일단 시작해 보세요!

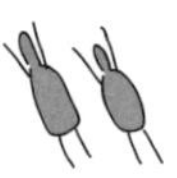

4. 중요한 시험 준비, 어디서 하는 게 좋을까?

#상태 의존 기억

치열한 입시경쟁을 생생하게 표현했던 〈스카이캐슬〉이라는 드라마가 있어요. 우리나라에서 선풍적인 인기를 끌어 일본에서도 리메이크되기도 했죠. 드라마 속 입시 컨설턴트는 시험이 치러질 시험장과 비슷한 분위기, 비슷한 책상에서 시험 대비를 하라고 코칭해요. 시험장의 책상은 좁고, 의자도 딱딱해서 불편하니 집에서 공부할 땐 편안한 책상과 의자에서 공부하는 게 더 효율적일 것 같은데 말이죠. 정말 이 코칭은 시험을 잘 보는 데 효과가 있을까요?

시험 환경과 비슷한 곳에서 공부할 때, 공부했던 기억이 더 많이 나는지 실험을 통해 알아본 사람이 있어요. 영국 심리학자 덩컨 고든Duncan Godden과 앨런 배들리Alan Baddeley인데요.

그들은 잠수부들을 대상으로 단어를 암기하는 실험[16]을 했어요. 잠수부들에게 물 속에 들어간 상태에서 단어를 외우게 한 다음, 외웠던 단어들을 각각 물 속과 물 밖에서 떠올리게 했어요. 놀랍게도 물 밖보다 물 속에서 단어들을 더 많이 떠올렸어요. 그 이후 물 밖에서 단어를 암기하게 한 후에도 똑같이 실험했는데, 이 경우엔 물 밖에서 단어를 더 많이 기억했어요. 단어를 외웠던 환경이 실제로 단어를 떠올리는 데 영향을 준 거죠.

학습한 환경이 기억에 영향을 주는 건데요, 이를 '상태 의존 기억'이라고 부릅니다. 장소뿐 아니라, 냄새, 소리, 분위기 등도 영향을 줍니다. 어떤 학습을 할 때, 우리는 우리가 기억하고자 하는 내용물만 기억한다고 생각하지만, 실제로는 학습하는 장소, 그때 나던 냄새, 들리던 소리 등도 모두 함께 기억하는 거예요. 수학 시험을 보는데, 공부하며 개념을 익혔던 당시 나던 냄새가 나면 단서로 작용해서 머릿속에 저장되어 있던 기억들이 쉽게 떠오를 수 있는 거예요.

상태 의존 기억은 우리가 중요한 시험이나 발표를 준

16. D. R. GODDEN, A. D. BADDELEY(1975), Context-dependent memory in two natural environments: On land and underwater, The British Psychological Societ y66(3), 325-331
https://doi.org/10.1111/j.2044-8295.1975.tb01468.x

비할 때 유용하게 사용될 수 있어요. 시험을 치를 장소에 미리 가보고 그와 유사한 환경에서 공부하는 게 유리할 거예요. 중요한 발표를 앞두고 있다면, 발표 장소에 가서 미리 리허설을 해보는 것도 좋겠지요. 발표 장소에서 연습하면 실제 발표할 때 준비한 내용이 더 잘 기억날 수 있을 테니까요. 국가대표 운동선수들이 실전에서 최고의 결과를 내기 위해 경기가 치러질 장소와 유사한 환경을 만들어 두고 연습하는 이유가 여기 있는 겁니다. 익숙한 곳에서 긴장이 덜 되는 효과도 있고요.

일상에서 어떤 이야기를 하다가 갑자기 기억나지 않을 때, 물건을 어디에 두었는지 기억이 나지 않을 때도 이를 활용할 수 있어요. 이야기가 떠오르지 않으면 그 생각을 처음 했던 상황으로 다시 돌아가 생각해 보세요. 기억이 떠오를 가능성이 높아요. 저는 가끔 방에 있다가 거실에 뭘 찾으러 나왔는데, 뭘 찾으려고 나왔는지 갑자기 떠오르지 않을 때가 있거든요? 그럼 다시 방으로 들어가 봅니다. 방에 들어가면 내가 뭘 찾으러 나갔었는지 떠오를 때가 많거든요. 이처럼 뭔가 기억이 나지 않으면 처음부터 다시 시작해보면 기억의 실마리가 떠오를 가능성이 높습니다.

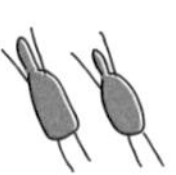

5. 목표를 이루는 확실한 방법?

#공개 선언 효과

매년 새해가 되면, 올해의 목표를 세우는데요. 운동하기와 건강 식단 관리하기. 스스로 약속하지만, 꾸준히 유지하기가 참 어렵더라고요. 매일 아침 출근 전 30분 운동하고자 하지만, 편안한 이불 속에 좀 더 있고 싶은 마음에 미루게 되는 날이 참 많아요. 당분 섭취를 줄이겠다고 결심하고서도, 나른한 오후 달달한 게 당길 때 누군가 초콜릿 케이크를 내밀면 안 먹을 수가 없고요! 운동과 다이어트는 '내일부터'가 되기 일쑤예요. 운동과 다이어트는 방학 과제나 수행평가처럼 마감도 없잖아요? 강제성이 있는 과제나 수행평가는 마감일을 쪼개서 잡는 게 도움이 되지만, 나 스스로 하고자 하는 일들은 더 미루고 미루다 결국 하지 않게 되는 경우가 많죠. 이럴 땐, 자신의 계획을 떠벌려 보세요!

"나 매일 학교 끝나고 테니스 배우기로 했어!"

"다이어트 시작해서 하굣길 편의점 간식은 당분간 사양해."

다른 사람들 앞에서 공개적으로 선언하는 거예요. 프란산스 네르Prashanth U. Nyer와 스테파니 델란데Stephanie Dellande[17]는 다이어트 프로그램에 참여한 사람들을 A그룹과 B그룹으로 나눠서 이와 관련한 실험을 했어요. A그룹은 자신의 이름과 다이어트 목표 체중을 적은 카드를 피트니스 센터 내에 잘 보이는 곳에 붙였고, B그룹은 그렇게 하지 않았죠. 24주간의 프로그램이 끝난 뒤에 결과를 확인해 보니, A그룹에 속한 사람들의 97%가 목표를 달성했는데, B그룹 사람들은 약 81%만 목표를 달성했어요.

일반적으로 사람들은 자신이 한 말을 지키고 싶어 합니다. 다른 사람들이 볼 때 빈말하는 가벼운 사람으로 보이기보다는 한다면 하는 의지가 있는 사람으로 보이고 싶은 마음이 있으니까 말이죠. 사람들은 자신의 목표, 생각을 다른 사람들에게 말하면, 자신의 목표나 생각을 자신도 모르게 더 믿게 되고 굳게 지키게 되는 경향이 있어요. 이를 공개 선언 효과Public Commitment

17. Nyer, P. U. and Dellande, S. (2010) Public commitment as a motivator for weight loss, Psychology and Marketing, 27(1), 1–12 https://doi.org/10.1002/mar.20316Citations: 48

Effect라고 부릅니다. 공개적으로 자신의 목표를 다른 사람들에게 말하면, 다른 사람들이 그 목표를 이루는 데 도움을 주기도 합니다. 다이어트를 위해 편의점 간식은 먹지 않겠다고 공포했으니, 친구들이 간식 먹으러 가자고 하는 일이 덜할 거고, 친구들은 테니스 배우는 건 잘 되어가냐고 묻기도 하겠지요. 또 건강한 다이어트에 좋은 식사법을 추천해 줄 수도 있죠. 친구들의 응원, 잘 되어가느냐는 질문은 나태해지려는 마음을 다잡는 데 도움이 되거든요. 물론 자신의 의지가 가장 중요하죠. 아무리 사람들에게 뭔가를 하겠다고 공개적으로 선언했다고 해도 내 의지가 없으면 할 수가 없으니까요. 공개적인 선언은 내가 진정하고 싶은 일을 잘 진행될 수 있도록 보조적으로 도움을 주는 역할을 한다고 생각하면 좋아요.

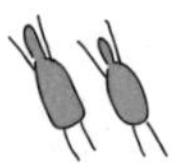

6. 아무리 생각해도 답이 안 떠오를 때

#부화 효과

새로운 아이디어를 생각해 내려면 그 문제에 온전히 집중해서
다른 생각은 하지 않고 엄청나게 긴 시간을 견뎌야 한다.
한마디로 완전한 집중 그 자체다.
그런 다음, 생각을 멈추고 잠시 동안 휴식을 취하다 보면,
무의식이 서서히 작동하기 시작한다. 이때, 바로 새로운 영감이 떠오른다.

페르마의 마지막 정리로 유명한 영국의 수학자 앤드루 와일즈Andrew J. Wiles의 말입니다. 어떤 문제를 풀어내기 위해선 한 가지에 집중하는 시간이 필요합니다. 당연한 이치지요. 하지만, 그가 한 말의 뒷부분. 잠깐의 휴식을 취하는 게 오히려 아이디어를 떠올리는 중요한 지점이 될 수 있다는 점이 더 중요합니다. 저도 글을 쓰거나, 문제를 풀다가 막힐 땐 당분간 그 일을 잊어버리고 쉽니다. 잠시 쉬며 목욕하기도 하고, 여행하기도 하

죠. 머리 감다가 순간적으로 아이디어가 떠오르기도 하고, 여행 중에 머릿속에서 팝콘처럼 아이디어가 떠오르기도 합니다. 금관의 순도를 확인하려고 골머리를 앓던 아르키메데스는 목욕하다 말고 '유레카!'를 외쳤죠. 욕조에서 목욕하다가 부피와 부력의 원리가 갑자기 떠올랐던 겁니다.

한참 집중했지만, 풀리지 않는 문제. 계속 그 문제에만 매몰되어 생각하면 아이디어가 안 떠올라요. 오히려 잠시 제쳐두고 휴식을 취할 때 놀랍게도 문제의 실마리가 떠오르게 되는 경우가 많죠. 이런 현상을 '부화 효과Incubation effect'라고 합니다.

릴리 보스Lilly Both, 더글라스 니드햄Douglas Needham, 엘린 우드Eileen Wood는 이와 관련한 흥미로운 실험을 했어요.[18] 실험에 참여한 참가자들을 두 그룹으로 나눴고 창의력이 필요한 문제를 풀게 했어요. 세 개의 고리로 이루어진 사슬 네 개가 있는데, 고리를 세 번 열고, 세 번 닫아서 12개의 고리로 이루어진 사슬 하나를 만드는 문제였어요. 한 그룹은 중간에 휴식 시간을 주었고, 한 그룹은 휴식 시간이 없이 계속 문제를 풀게 했죠. 휴식 시간이 없던 그룹에 비해 중간에 휴식 시간이 있던 그룹에서 문제를 푼

18. Both, L., Needham, D., and Wood, E. (2004). Examining Tasks that Facilitate the Experience of Incubation While Problem-Solving. Alberta Journal of Educational Research, 50(1), 57-67.

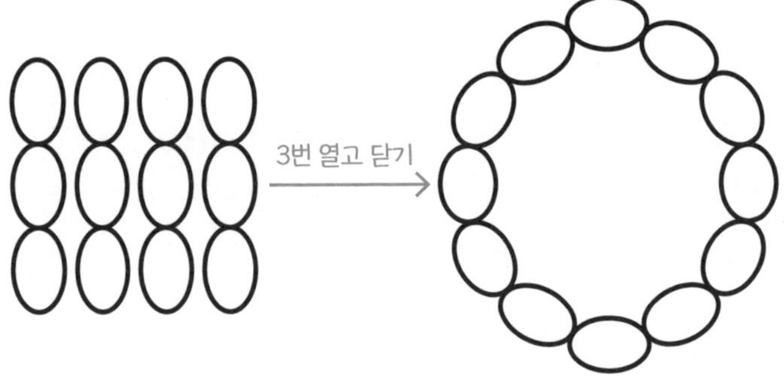

사람들의 비율이 확연히 높았습니다(답이 궁금한 분들을 위해 답을 주석에 알려드릴게요).[19] 휴식 시간엔 산책을 다녀오거나 화장실을 다녀오는 등 문제 풀이와 연관 없는 행동을 했어요. 그런데도 휴식을 가진 사람들이 부화 효과를 통해 문제를 더 잘 해결한 거죠.

휴식을 취하면 머리가 맑아지거나 에너지가 충전되어서 문제가 해결된다는 게 아닙니다. 부화 효과의 핵심은 '부적절한 해결 전략을 잊어버리는' 데 있어요. 계속 문제에 매몰되어 있으면, 자신이 가지고 있는 부적절한 해결 전략을 계속 떠올리게 되거든요. 저는 학창 시절 도형 문제를 풀 때, 이런 현상이 종종 있었어요. 보조선 하나만 떠올리면 되는 문제인데, 그게 안보

19. 한 줄에 엮여 있는 사슬고리 3개를 모두 풀어서 나머지 3개의 사슬을 각각의 고리로 연결하면 문제가 풀려요!

이고 엉뚱한 방향으로 문제를 풀고자 한참 애를 쓴 거죠. 마치 미로에서 길을 잃은 듯 시도했던 풀이만 계속 반복하고 있었죠. 그럴 땐 그 문제를 덮어두고 잊어버리는 게 답이더라고요. 잊어버렸다가 다음 날 보면 금방 문제가 풀리는 경우가 많았죠. 한 가지 문제에 매몰되어 있다 보면, 사고가 그 안에 맴돌면서 새로운 해결 전략이 떠오르지 않아요. 이럴 땐, 그 문제를 잊고 쉬면 기존에 가졌던 부적절한 해결 전략을 잊게 됩니다. 그리고 다시 문제를 해결하려고 할 때 새로운 방법이 떠오르는 겁니다. 해결 안 되는 문제가 있으면, 너무 오래 붙잡고 고민하기보다는 잠시 덮어두고 잊어버리세요. 산책하거나, 소설책을 보거나, 따뜻한 물에 목욕해도 좋아요. 혹은 일단 잠을 푹 자고 다음 날 새롭게 생각해도 좋죠. 휴식을 취하면 새로운 해결법이 떠오르게도 하니까요. 저는 머리를 감을 때, 갑자기 번쩍하고 아이디어가 떠오르는 경우가 많더라고요! 샤워하며 부화 효과를 경험하는 거죠.

4장

선택을 위한 행동경제학

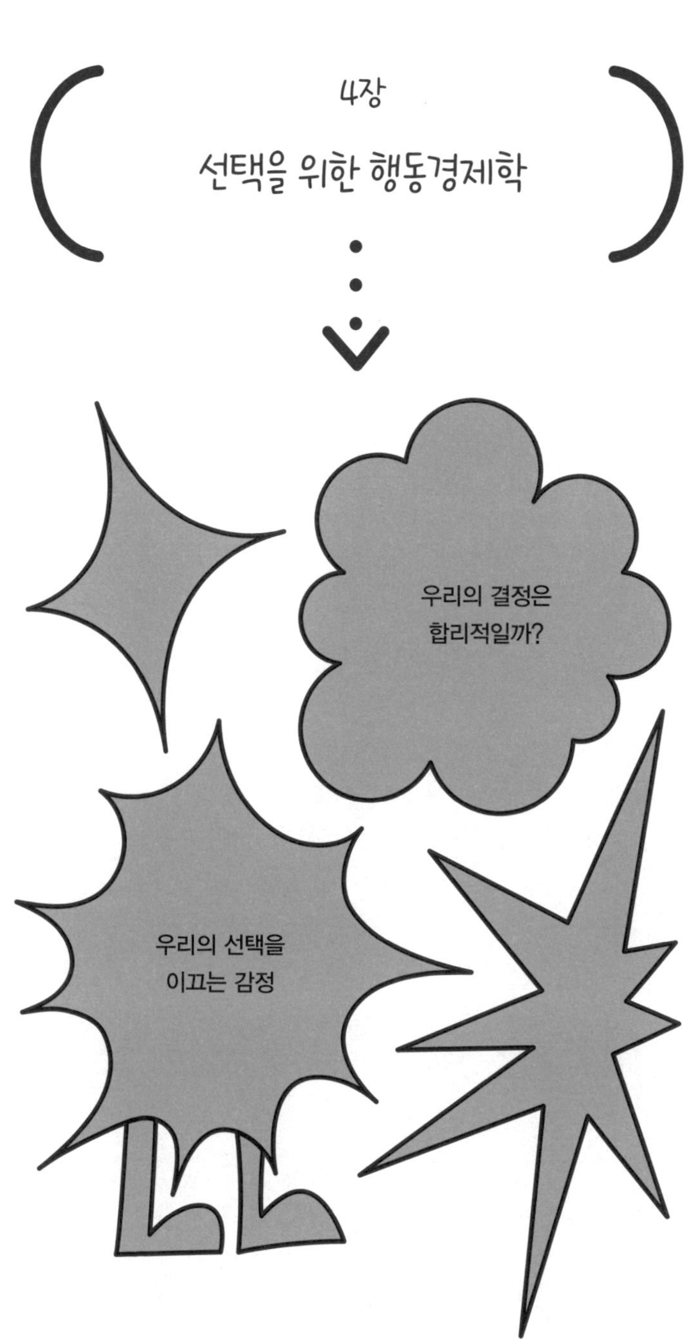

결정의 순간에, 사람들은
논리보다 직관에 의존한다.

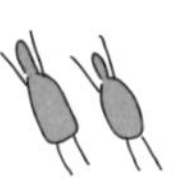

1. 세일로 득템! 정말 이득일까?

#앵커링 효과

여러분 온라인 게임 좋아하세요? 롤(리그오브레전드), 피파, 배틀그라운드……. 온라인 게임을 하면 필요한 아이템, 도구들이 많아요. '내가 장화만 장착한다면', '물약, 영약이 있다면' 하는 생각을 하게 되죠. 아이템을 사고 싶어도 용돈 범위 내에서 사용해야 하고, 다른 데 쓸 돈을 생각하면 아이템을 많이 사긴 힘들어요. 하지만 게임을 하러 들어갔더니 원래 가격이 500골드인 아이템을 타임세일로 200골드에 팔고 있다고 해보죠! 여러분, 느낌이 어떠세요? '오 싸다!', '바로 사야겠다.' '300골드나 아낄 수 있어!'하는 마음 들지 않나요? 지금 당장 게임머니가 없다면, 현질(현금 결제)이라도 하고 싶어지지 않나요? 여러분 잠깐! 생각해 봐요. '싸다'고 느낀 건 뭘 기준으로 생각한 걸까요? 맞아요. 처음 제시된 500골드란 가격입니다. 이처럼 처음 접하게 된 무엇인가가 내 선택에 기준점으로 작용하는 경우가 꽤 있어요.

행동경제학에서는 이런 현상을 '앵커링 효과Anchoring effect; 닻내림효과'라고 불러요. 배의 닻을 앵커라고 하는데, 닻을 내리는 것처럼 처음 접한 어떤 숫자나 가격, 혹은 제품 등이 기준점이 된다는 의미로요.

여러분이 겨울 패딩과 스키복이 필요해서 쇼핑몰에 갔어요. 패딩 매장 옆을 지나가는데, 진열대에 고급스럽게 보이는 패딩이 여러분을 보면서 사라고 유혹해요. 가격표를 보니 무려 120만 원! 패딩 하나에 100만 원에다가 20만 원을 더 줘야 한다니? 믿을 수 없는 가격이라 매장 안으로 들어가 봅니다. 구경이나 해볼까 하는 마음으로 들어왔지만 어느새 마음에 든 패딩을 손에 들고 있죠. 마음에 든 패딩의 가격은 40만 원. 가격표엔 최초 100만 원 옆에 60% 할인 표시가 붙어있어요. 40만 원짜리 패딩이 비싼 건 알지만, '120만 원짜리 패딩을 파는 브랜드에서 40만 원이라면 횡재가 아닌가?', '더구나 60%나 할인을 한 거잖아?'하는 생각이 듭니다. 그러나 오늘 예산은 6개월간 꾸준히 모은 돈 50만 원. 겨울 패딩과 스키복을 모두 마련하고자 한 건데, 망설여집니다. 그때 친구가 부추기네요.

"야, 가격도 괜찮네. 아까 저건 120만 원이었잖아."

120만 원짜리 패딩을 파는 집에서 40만 원짜리 패딩은 거저나 다름없다며 스스로 합리화하고, 사기로 결심. 결제하고 쇼핑백을 한 손에 들었습니다.

쇼핑을 하고 나니 출출하네요. 어느 음식점에 갈까 둘러봅니다. 사람들이 줄을 서 있는 수제 햄버거 가게, 괜찮아 보이네요. 어쩐지 줄을 서지 않는 곳보다는 사람들이 줄 서 있는 곳이 더 맛있는 곳일 것 같아요. 예약 앱으로 예약해 두고, 30분쯤 기다려 식당에 들어갔어요. 내부도 역시 근사해 보입니다. 메뉴 중 쉐프 스테이크 햄버거 세트가 가장 눈에 띕니다. 가격은 14만 원. 예상보다 비싼 가격에 빠르게 다음 장으로 넘깁니다. 다음 장에 보니, 치즈 햄버거 세트가 3만 원대예요. 3만 원대 햄버거 세트는 여전히 비싸지만, 14만 원짜리 햄버거 세트를 판매하는 집에서 3만 원대 햄버거 세트는 꽤 괜찮은 가격으로 느껴집니다.

여러분 아세요? 실제 음식점에서 가장 비싼 메뉴, 혹은 의류 매장에서 가장 비싼 옷은 다른 메뉴나 옷을 상대적으로 싸게 느끼게 해서 구매를 유도한다는 걸 말이에요. 앞에서 든 패딩 예시에서 120만 원짜리가 아닌 40만 원짜리 패딩을 먼저 봤다고 생각해보세요. 40만 원도 분명 비싼 돈이에요. 어쩌면 40만 원 패딩도, 120만 원 패딩도 비싸다며 구매를 안 했을 지도 몰라요. 선택의 결과가 달라지는 거죠. 게임 아이템의 원래 가격, 패딩 브랜드에서의 비싼 패딩 가격과 여러분이 산 패딩의 정상가격, 음식점 첫 페이지에 있던 메뉴의 가격. 모두 여러분에게 '처음' 제시되어 이를 판단의 기준으로 작용하게 만든 거랍니다. 앵

커링 효과를 이용한 거죠.

사실 앵커링 효과를 이용한 마케팅의 역사는 꽤나 오래됐답니다. 흑진주. 귀한 보석 중 하나고, 비싼 가격에 팔립니다. 하지만 1970년대 살바도르 아사엘Salvadore Assael이라는 상인이 타히티에 있는 흑엽 조개에서 흑진주를 발견했을 때는 이를 거래하는 시장도 없고 사려는 사람도 없었다고 합니다. 싼 가격에도 잘 팔리지 않았죠. 그는 묘안을 냅니다. 자신의 친구이자 미국 뉴욕에서 고급 보석상을 하는 친구 해리 윈스턴Harry Winston에게 흑진주를 보내고 부탁해요. 뉴욕 고급 보석 상점 진열대에 터무니없이 높은 가격표를 달아놓고 흑진주를 진열해 달라고요. 또한 아사엘은 명품들이 실리는 잡지에 전면광고를 의뢰했어요. 다이아몬드, 루비, 에메랄드가 이리저리 흩뿌려진 가운데 타히티 흑진주 목걸이가 광채를 내는 광고였죠.

아사엘은 흑진주를 세계 최고의 보석 반열로 앵커를 내린 셈이죠. 이후 가격은 정해진 대로 따라갔어요. 이처럼 특정 가격에 어떤 새로운 제품을 구입했다면, 우리는 그 가치를 그 가격으로 앵커를 내리게 되는 거예요. 어쩐지 톰소여의 모험이 생각나지 않나요? 아주머니가 시켜서 하기 싫던 페인트칠을 마치 정말 즐겁고 하고 싶은 일처럼 보이게 해서, 친구들에게 간식 등을 받고 페인트칠을 하도록 허가(?)해주던 거요. 톰 소여의 모험을 쓴 작가 마크 트웨인Mark Twain이 톰 소여에 대해 이렇게 말했어요.

"톰은 위대한 법칙을 알아냈다.
사람들로 하여금 뭔가를 갖고 싶도록 만들려면
그것을 손에 넣기 어렵게 만들면 된다."

살바도르 아사엘이 흑진주의 가치를 높인 것과 의류회사, 음식점 및 온라인 게임 회사에서 제품을 판매하는 전략이 이와 유사한 것 아닐까요? 뉴욕에서 사람들이 흑진주란 걸 접한 첫인상, 그건 아주 값비싼 보석이란 이미지와 가격이었고, 그래서 더욱 원하게 되고 그때 가격보다 싸면 저렴하다고 느끼게 되니까요. 첫인상, 그로 인한 앵커. 정말 중요하게 작용하죠? 우리가 이렇게 첫인상을 앵커로 내리고 그걸 기준으로 판단하는 경향이 있음을 인지하고 있는 게 중요해요. 사실 처음 제시된 가격이 그 제품의 가치인 건 아니니까 말이죠.

그리고 또 한 가지, 스스로 앵커를 내리는 경우도 있어요. 여러분이 한 번 어떤 게임 아이템을 구매하거나, 특정 브랜드의 패딩을 구입했다고 해봐요. 이제 여러분에게는 앵커가 하나 생겼습니다. 무슨 말이냐고요? 아까 음식점을 고를 때 사람들이 줄 서 있는 데를 골랐어요. 이처럼 다른 사람의 행동을 기준으로 상황을 판단하고, 그들이 하는 걸 따라 하는 걸 '양떼현상Herding'이라고 해요. 양떼들이 몰려 있듯 다른 사람을 따라 한다는 의미겠죠. 그런데, 자기양떼현상Self-herding이라고 하는 또 다른 형태의 양떼현상이 있습니다. 앞선 자신의 행동을 기준으로 상황을 판단하고 행동하는 걸 말해요. 처음엔 특정 브랜드의 패딩이 너무 비싸 보였지만, 그걸 한 번 사서 입고 나면 그게 기준이 되어버리는 거예요. 패딩이 낡아 새로 패딩을 사려고 하면, 지난번의 결정이 생생히 떠오르면서 앵커로 작용해서 그 결정을 한 번 더 따르게 된다는 거예요.

이제 내가 내린 앵커를 다시 올려보세요. 내가 처음 본 제품 외에 다른 제품은 어떤 가치가 있는지 살펴보는 거죠. 이 제품은 옷감이 좋은 대신 색이 아쉽다거나 저 제품은 색이나 모양이 마음에 들지만 비싸다거나 내게 주는 만족감과 진짜 가치를 스스로 판단하고 가격을 비교하다 보면 내가 진짜 닻을 내릴 제품이 보일 거예요. 제품을 비교할 때 특정 상품을 선택함으로써 포기되는 다른 것들은 무엇인지 함께 따져보는 것도 잊지 마세요.

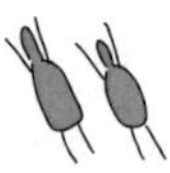

2. 다이어리 얻으려고 17잔의 커피를 산다고?

#왝더독

매년 연말이면 제가 즐겨 이용하는 커피 전문점에서는 커피나 음료 열일곱 잔을 먹어서 스탬프를 모으면 다이어리나 볼펜을 주는 행사를 합니다. 지난 연말에도 행사를 했죠. 워낙 커피를 즐겨 마시니까 마시는 김에 다이어리도 받으면 좋겠다 싶었어요. 그런데 열일곱 잔 중 세 잔은 특별히 지정된 음료 중 골라야 하는 거 있죠! 특별히 지정된 음료는 크림이 듬뿍 들어간 커피나 딸기 음료 같은 거였어요. 평소 전 아메리카노만 즐겨 먹는데 말이죠! 그래서 일반 음료는 열네 잔이 다 찼는데, 나머지 특별 음료 세잔이 문제였죠. 결국 저는 다이어리를 무료로 받고 싶은 마음에 제 취향이 아닌 음료 세잔을 주문했어요. 행사 마지막 날에 말이죠! 주문한 음료들은 반도 못 먹고 버렸답니다. 다이어리를 받아서 기쁘긴 했는데, 이렇게 한 게 합리적이었나 하는 의문이 드는 거 있죠. 여러분은 어떻게 생각하세요?

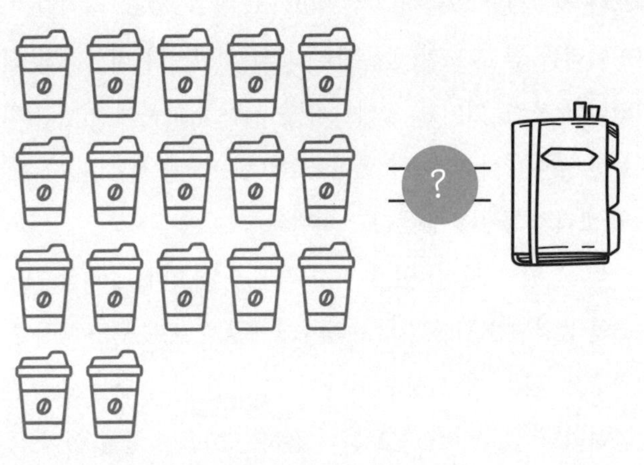

사은품을 받고자 특정 물건을 사는 일. 종종 눈에 띄죠. 연말이 되면 몇몇 커피 전문점에서 주는 다이어리 등의 사은품을 받고자, 한 번에 여러 잔의 에스프레소를 주문해서 텀블러에 담아오는 사람들이 있다는 뉴스도 본 적 있어요. 저는 사은품을 받기 위해 소비하는 행동이 무조건 비합리적이라고 생각하진 않아요. 사은품이 내게 주는 만족감과 이를 위해 소비해야 하는 비용을 따져보죠. 사은품을 받기 위한 소비라고 해도 내게 주는 만족감이 있다면 이도 함께 고려하고요. 그렇다면, 음료 세 잔의 가격이 비용이고, 편익은 사은품으로 받은 다이어리가 주는 만족일 거예요. 편익인 다이어리가 주는 만족감이 음료 세 잔의 가격보다 높았다면 합리적인 선택이라고 볼 수 있죠. 하지만 저는 다이어리를 받고 느낀 만족감이 거의 없었으니 비합리적 선택이었다고 볼 수 있어요. 공짜로 얻을 사은품 때문에 비싼 가격을 지불한 셈이니까요. 이런 현상을 웩더독Wag the dog이라고 해요. 개의 꼬리가 몸통을 흔든다는 의미죠.

얼마 전 집 앞에 빙수 가게가 생겼어요. 개장 기념으로 3일 동안 8천 원짜리 망고 빙수 1개를 무료로 주는 행사를 하더라고요. 평소 망고 빙수를 즐겨 먹는 건 아니지만, 새로 생겨 궁금하기도 했고 무료라고 하니 혹하는 마음에 줄을 섰어요. 그런데 갑자기 비가 내리는 겁니다. 그 가게 바로 옆에 편의점이 있었는데, 한 둘씩 우산을 사 와서 쓰고 기다리더라고요. 저도 고민하다 우산을 사서 쓰고 기다렸어요. 저렴한 비닐우산은 다 팔려서, 일반 장우산을 샀는데 가격이 1만 원이었어요. 제가 무료로 먹은 망고 빙수의 가격보다 비쌌죠! 제게 우산은 많아서 새로 산 우산은 한 구석에 모셔두고 있답니다. 공짜 빙수를 먹으려고 그보다 비싼 우산을 산 저. 게다가 40분을 기다리기까지! 제가 우산을 사고 기다리는 선택을 하게 된 이유 중 하나는 그때까지 기다린 15분이 아깝다는 생각도 있었어요. 15분이나 기다렸는데, 그냥 가기는 아까웠거든요. 그런데, 이 선택에서 그때까지 15분을 기다렸다는 건 고려하면 안 되는 거였어요. 어차피 그 15분의 기다림은 되돌릴 수 있는 게 아니니까요. 이렇게 회수할 수 없는 노력이나 비용은 고려하면 안 됩니다. 제가 우산을 사서 더 기다릴지 말지 고민할 때는 '망고 빙수가 주는 만족감'과 '우산의 가격 및 추가로 더 기다리는 노력의 가치'만 비교했어야 합니다. 전자가 크다면 기다리는 게 우산을 사서 쓰고 기다리는 게 합리적인 거지만, 후자가 더 크다면 그동안 기다린 15분은 고려하지 말고 집에 오는 게 합리적인 선택이었겠지요. 제게는 후자가 더 컸던 것 같아요.

1만 원이나 주고 산 우산은 제게 필요하지 않고 짐만 되는 물건이었고, 추가로 25분이나 기다렸잖아요! 제가 얻은 편익은 8천 원이었고요. 다이어리를 받기 위해 취향에 맞지 않는 음료 세 잔을 주문할 때도 그동안 아메리카노를 마셔서 모은 열네 개의 스탬프가 아깝다고 생각했습니다. 그동안 쌓인 열네 개의 스탬프가 아깝다는 생각은 합리적 선택을 방해하는 요인이 돼요. 또 '무료'로 주는 다이어리의 가치를 실제보다 더 크게 생각하는 건 아닌지도 곰곰이 따져봐야 했을 거고요. 사람들에겐 '무료'라고 하는데 약해지는 심리가 있어요. 기업들은 이를 알고 '무료' 이벤트를 종종 기획하곤 하죠. 무료 이벤트를 잘 이용하면 적은 비용으로 그보다 큰 편익을 얻는 합리적 선택을 할 수 있어요. 하지만 무료라는 데 혹해서 자신이 얻을 수 있는 편익보다 더 큰 비용을 지불하게 되는 우를 범할 수도 있다는 점, 꼭 기억하세요!

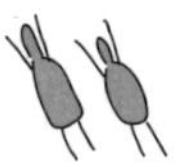

3. 불편한 운동화, 버리지 못하는 이유?

#매몰 비용

여러분 다음과 같은 상황을 상상해 보세요. 부모님이 여행 가셨던 주말, 혼자 점심을 해결해야 해서 편의점에 갔어요. 마침 평소 좋아하는 하프 냉동 피자를 50% 할인해서 4천 원에 팔아요. 혼자 먹기 딱 좋은 사이즈인데다 맛도 좋은 거예요. 냉큼 집어 들겠죠? 집에 와서 피자를 데우려고 하는데, 친구한테 전화가 걸려 와요. 친구가 집으로 놀러 오겠다는 거예요! 친구가 먹을 피자를 사러 다시 편의점에 달려갔어요. 그런데 가격이 원래대로 8천 원! 1시간 동안만 타임세일을 했던 거라고 합니다. 할 수 없이 정상가로 사 오게 되었어요. 차이가 있는지 살펴봤는데, 모든 게 똑같았어요. 소비기한까지도요. 여러분은 어떤 피자를 먹고 싶나요? 어쩐지 비싸게 사 온 피자가 더 끌리나요? 싸게 산 게 끌리나요?

설문을 해보면, 비싸게 산 걸 먹겠다는 사람이 많이

나와요. 맛과 품질, 소비기한까지 똑같은 두 하프 피자이고, 사 온 가격만 다른 건데 말이죠. 타임세일로 사 온 피자가 맛이 덜하진 않을 거예요. 합리적으로 생각하면, 얼마에 사 왔든 같은 피자니까 어떤 쪽을 선택해도 무방하죠. 비싸게 사 온 피자가 더 끌리는 건 지불한 돈이 얼마인지 신경 쓰고 있기 때문일 거예요. 뷔페식당에 가면 배가 불러도 더 먹게 될 때가 있지 않나요? '내가 낸 돈이 얼마인데, 이 정도는 먹어야지'하면서요. 그러다 과식해서 속이 더부룩해진 경험! 저는 있습니다. 이미 지불했고 되돌려 받을 수 없는 돈을 '매몰 비용Sunk cost'이라고 하는데요, 매몰 비용은 무시해야 합리적인 선택을 할 수 있습니다.

몇 해 전 저는 좋아하는 가수 콘서트 티켓을 10만 원 주고 예매했고, 콘서트 날만 손꼽아 기다렸어요. 티켓 가격도 비쌌지만, 예매 자체가 힘들었어요. 티켓 오픈하는 시간을 기다렸다가 빠르게 클릭에 성공했던 거거든요. 그런데 콘서트 당일, 지독한 감기에 걸린 거 있죠. 콧물, 기침에 열까지 났어요. 하지만 당일 날은 티켓을 취소해도 티켓값을 환불받을 수 없었죠. 콘서트에 못 가면 10만 원과 예매를 위해 벌인 노력과 시간을 모두 잃게 되는 것 같았어요. 너무 아까웠죠. 게다가 그날은 폭풍우가 와서 운전도 쉽지 않았어요. 그럼에도 저는 폭풍우를 뚫고 콘서트에 갔고, 콘서트를 보는 내내 기침을 참느라 집중할 수가 없었어요. 노래는 전혀 들리지 않았고, 체온이 올라가는 느낌과 기침에 온 신경이 쓰였어요. 그리곤 집에 와서 앓아누웠어요. 콘서트 당일, 제가 할 수 있던 선택은 두 가지가 있었어요.

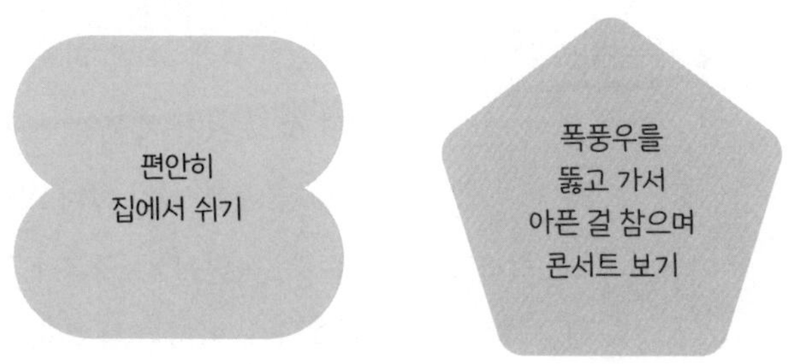

누가 봐도 첫 번째 선택지를 선택하는 게 훨씬 합리적입니다. 저는 지불한 돈과 시간이 아깝다고 생각해 잘못된 선택을 한 거죠. 합리적인 선택을 하려면 이미 지불해서 회수할 수 없는 돈은 무시하고, 지금 들어가는 비용과 만족감을 비교해서 선택해야 합니다. 콘서트 사례에서 당일 날 콘서트장에 가는데 들어가는 비용은 '폭풍우를 뚫고 운전하기', '객석에서 아픔을 참기' 등일 거예요. 콘서트를 보면서 느낄 수 있는 만족감이 이런 비용보다 적다면 집에서 쉬는 게 합리적인 선택인 거고요.

비슷한 사례를 한 번 상상해 볼게요. 여러분이 예쁜 운동화를 새로 샀어요. 꼭 사고 싶던 디자인과 색상의 운동화죠. 그런데 신고 다녀보니 불편하고 뒤꿈치가 까였어요. 아무래도 여러분의 발 모양과 잘 맞지 않게 만들어진 운동화 같아요. 뒤꿈치 상처에 밴드를 붙이고 다시 도전해 봤습니다. 20분쯤 있으니 또다시 통증이 느껴집니다. 이 운동화가 계속 불편하다고 할 때, 여러분은 몇 번이나 더 도전하실 건가요? 결국 포기하게 되었다고 해봐요. 운동화를 버리거나 기부하기 전까지 얼마나 오랜 시간 동안 신발장에 보관할 것 같나요? 운동화 가격을 얼마를 지불했는지에 따라 몇 번이나 더 운동화 길들이기에 도전할지, 또 신발장에 얼마나 보관할지가 달라지지 않나요? 비쌀수록 포기하기까지 더 오랜 고통을 견디고, 신발장에 더 오래 보관하려 하는 경우가 많습니다. 이미 신은 운동화라 환불이 안 된다는 점을 감안하면, 운동화 가격은 매몰 비용인데 말이지요. '이미 엎질러진 물'이 아깝다고 집착하다 보면 더 큰 비용을 지불하게 되는 경우가 많아요. 이제부터 물이 엎질러지기 전에 선택을 신중하게 하고, '이미 엎질러진 물'은 가볍게 무시하는 의식적 노력을 해보는 게 어떨까요?

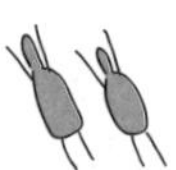

4. 팝콘 메뉴의 비밀, 세트 메뉴가 정말 싼 걸까?

#대조 효과

얼마 전 친구랑 영화관에 갔어요. 영화엔 팝콘 아니겠어요? 친구와 팝콘 미듐 사이즈랑 콜라를 주문하려고 보니 '팝콘 라지 사이즈+콜라' 세트를 주문하는 거랑 가격이 같더라고요.

대체 왜 이렇게 메뉴를 구성하는 걸까요? 사장님이 실수하신 걸까요? 이런 식의 가격은 주변에서 꽤 자주 발견됩니다. 저는 간혹 샌드위치와 커피를 배달시켜 먹곤 하는데, '샌드위치+커피' 세트 가격이 샌드위치 단품 가격과 비슷하더라고요. 세트가 딱 100원 비쌌어요. 사실 집에서 커피는 내려서 먹을 수 있으니 샌드위치만 주문하려고 하다가도, 100원을 더 내고 커피까지 받는 게 이득인 느낌이라 세트로 주문하곤 했죠. 커피 한 잔에 100원이면 거저나 다름없는 느낌이잖아요! 처음엔 사장님이 뭔가 실수한 게 아닐까 생각했는데요, 곰곰이 생각해 보니 오히려 사람들의 행동에 대해 잘 알고 메뉴를 구성한 게 아닐까 생각했어요.

팝콘 메뉴를 한 번 볼까요? 3,000원짜리 스몰 사이즈가 5,500원짜리 라지 사이즈+콜라 세트보다 더 이익인지는 확실히 판단할 수가 없어요. 그런데 5,500원에 미듐 사이즈와 콜라를 주문하는 것보다는 5,500원에 라지 사이즈+콜라 세트를 주문하는 게 훨씬 이득이라는 건 분명히 알 수 있어요. 후자를 주문하면 무료로 팝콘 사이즈를 업그레이드해 주는 셈이니까요. 이처럼 다른 상품과 비교를 통해 팔고자 하는 상품이 더 좋아 보이게 할 수 있죠. 같은 대상이라도 어떤 것과 함께 비교되느냐에 따라 다르게 느껴지는 걸 '대조 효과Contrast effect라고 합니다. "거저잖아! 이걸 골라야겠군!"이라는 소리가 마음속에서 울리지 않나요? 만약 콜라 없이 팝콘만 먹겠다고 한다고 해도 라지 사이즈를 고르게 될 가능성이 커요. 스몰과 미듐은 1,500원 차이가 나는데, 미듐과 라지는 500원 차이밖에 안 나잖아요. 가성비에 대한 생각이 상대적으로 라지 사이즈가 이득인 것처럼 느껴지는 거죠. 콜라가 필요하다면, 당연히 라지+콜라 세트를 주문하게 될 거고요.

경제학자 댄 애리얼리Dan Ariely는 슬론 경영대학원 학생들을 대상으로 실험을 한 적 있어요. 경제지 이코노미스트를 정기구독하려 한다면, 다음 중 어떤 항목을 선택하겠냐고 100명의 학생에게 물었어요.

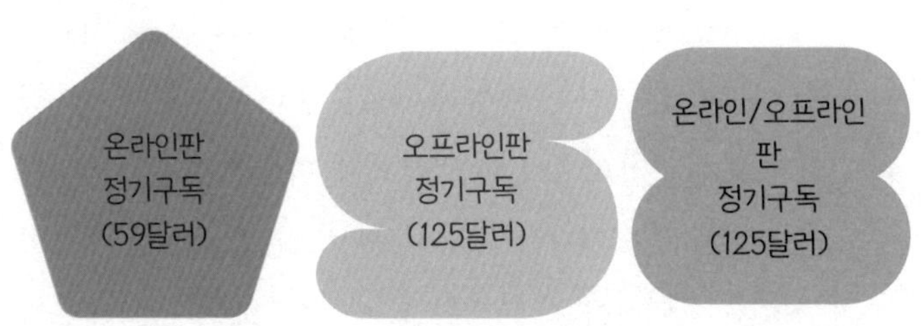

100명의 학생 중 16명이 온라인판을 골랐고, 84명의 학생이 '온라인+오프라인판'을 골랐어요. 오프라인판을 고른 학생은 아무도 없었어요. 아무도 고르지 않은 게 당연할지 몰라요. 같은 가격에 혜택이 더 많은 패키지 메뉴가 있으니까요. 그럼 '오프라인판 정기구독'은 쓸데없는 항목으로 생각되시나요? 놀라운 건, '오프라인 정기구독' 항목을 빼고 온라인(59달러)과 오프라인+온라인(125달러)만 선택할 수 있게 두니 59달러짜리 온라인판을 고른 학생이 68명으로 늘어났고, 125달러짜리 온라인+오프라인 판을 고른 학생이 32명으로 크게 줄었다는 거예요. 한마디로 오프라인판 정기구독 항목은 온라인+오프라인판 정기구독 항목을 매력적으로 만들어주는 미끼였던 셈이죠. 사람들은 어떤 절대적인 판단기준에 따라서 선택하는 일은 드물어요. 오히려 다른 것과 비교하며 상대적으로 그것이 더 좋다고 느끼면서 거기에 가치를 크게 매기죠. 위의 팝콘 메뉴에서도 미듐 사이즈는 사람들이 비교를 통해 라지사이즈나 라지+콜라 세트를 고르게 작용할 수 있는 거랍니다.

"예전에 식탁 의자의 등받이가 찢어져서 새로 구매하려고 찾아봤어요. 50만 원 정도 하더라고요. 식탁과 함께 의자를 살 때는 비싸다는 생각을 크게 하지 않았는데 의자만 사려고 하니 비싸게 느껴졌어요. 가격이 비싸서 망설이다가 결국 다른 방법을 찾았어요. 등받이 커버를 사서 씌운 거예요. 같은 의자 가격인데 다르게 느껴진 이유도 바로 대조효과에 있어요. 식탁과 의자를 함께 살 당시에는 집 이사를 하면서 여러 가구를 바꾸고 있었고, 식탁 자체도 가격이 꽤 비쌌습니다. 전체적으로 지출하는 돈이 크다 보니, 50만 원짜리 의자가 비싸게 느껴지지 않았던 거예요. 또 쇼핑의 순서에 따라서도 씀씀이가 달라지기도 해요. 예를 들어, 비싼 정장을 먼저 사면 그보다 저렴한 벨트를 쉽게 사게 되는데요. 벨트를 사고 나서 비싼 정장을 보면, 선뜻 사기가 쉽지 않아요. 지금까지 무언가를 선택할 때 대조효과에 흔들리지 않았는지 생각해 보세요. 또 대조효과 때문에 선택이 달라지는 사례들, 더 생각해 보세요!

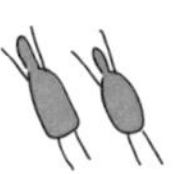

5. 꿀꿀한데 쇼핑이나 할까?

#한정된 인지적 자원

"Misery is not miserly"

고통받는 사람은 구두쇠가 아니다.

미국 카네기멜론 대학 신시아 크라이더Cynthia Cryder 교수의 논문[20] 제목이에요. 심리적으로 힘든 상황에 처한 사람들이 오히려 과소비하는 경향을 보이더라는 연구입니다. 크라이더 교수는 연구에서 한 그룹 사람들에게는 슬픈 영화를 보여주고 한 그룹에겐 보여주지 않았어요. 슬픈 영화를 보여준 그룹 사람들이 보지 않은 사람들에 비해 자신과 무관한 물건을 많이 사는 걸 관찰할 수 있었어요. 우울하거나 힘들 때 왜 과소비에 약해질까요?

20. Cryder, C.E., Lerner, J.S., Gross, J. J., & Dahl, R. E. (2008). Misery Is Not Miserly: Sad and Self-Focused Individuals Spend More, Psychological Science, 19(6), 525–530.

우선 사람들은 마음이 힘들면 자연스럽게 쪼그라든 마음을 회복시키고 싶은 욕구가 생깁니다. 가장 좋은 방법은 마음을 쪼그라들게 만든 문제를 직면하고 해결하는 것이지만 어려운 경우가 많죠. 회복 욕구는 문제 해결이 아닌 물건을 사고 싶은 욕구나 먹고 싶은 욕구로 바뀌어 나타나게 됩니다. 의지력이 약해진다고도 볼 수 있어요. 평소 몸에 나쁜 음식이 먹고 싶어도 참고, 사고 싶은 게 많지만 참고 지내는 경우가 많잖아요. 그런데 몸이 힘들고 우울할 땐, 내 의지력이 힘든 몸과 마음을 다스리는데 고갈이 되는 겁니다. 사람들이 작업을 수행하고 정보를 처리하는 데 필요한 자원을 인지적 자원Cognitive resources이라고 하는데, 사람들의 인지적 자원은 무한하지 않거든요. 그래서 한꺼번에 많은 일을 처리할 수 없죠. 할 일이 많고 스트레스가 많아도 비슷한 경향을 보입니다. 무언가에 의해 우울하거나 스트레스 상황이 오면, 평소에는 참는데 쓰던 인지적 자원을 덜 쓰게 되는 겁니다.

르네 반더 발Renei C. van der Wal과 로베 반 딜렌Lotte van Dillen 교수는 복잡한 두뇌 활동을 할 때 강한 자극을 원한다는 걸 관찰했어요[21]. 우선 사람들에게 과일 음료를 주고 신맛과 단맛

21. Van der Wal RC, Van Dillen LF. Leaving a Flat Taste in Your Mouth: Task Load Reduces Taste Perception, Psychological Science. 2013;24(7):1277–1284. doi.10.1177/0956797612471953

의 정도를 평가하게 했어요. 그리고 이들을 두 그룹으로 나누고 A그룹 사람들에게는 일곱 자리 숫자 배열을 외우게 하고, B그룹 사람들에게는 한 자리 숫자 배열을 외우게 했어요. 그리고 다시 과일 음료를 주고 이전에 마셨던 것과 신맛과 단맛의 정도가 어떻게 다른지 평가하게 했죠. 일곱 자리 숫자 배열을 외우던 A그룹은 더 시고 더 단 음료를 줘야 기존에 마시던 것과 같은 강도의 신맛과 단맛으로 느꼈어요. 복잡한 걸 머릿속에서 처리해야 하는 경우, 보다 자극적인 맛을 원했고 먹는 양도 많아졌어요. 공부하는 게 힘들어서 단 게 당기고 살찐다는 게 이런 맥락이겠지요.

드라마에도 애인과 헤어진 슬픔을 표현하는 장면을 묘사할 때, 쇼핑하거나 매콤달콤한 음식을 먹는 장면이 종종 나오곤 하잖아요. 저도 예전에 남편과 의견 충돌이 있어 다투고 쇼핑하러 나갔던 적이 있어요. 마치 드라마 주인공이 된 듯, 만족감을 느끼면서 말이죠! 이것저것 구경하며 담아왔어요. 그런데 말이죠. 그때 산 물건들은 포장도 뜯지 않은 채 한동안 보관되어 있던 게 많았어요. 제가 좋아하는 물건들이 아니었기 때문이에요. 그냥 우울한 마음에 대한 보상으로 '사는 행위'를 원했던 겁니다. 그리고 나서는 다시 후회가 몰려옵니다. 무언가를 사고 싶거나 먹고 싶을 때, 잠시 멈추고 생각해 보세요. 내가 정말 그걸 '좋아하는like' 건지 말이에요. 누군가는 어떤 물건이 내게 꼭 필요한 건지 원하는 건지 구분해서 필요한 것만 사라고 하지만, 저는 그렇게 얘기하지는 않아요. 꼭 필요한 소비에서만 만족감이 발생하는 게 아니거든요. 경제적 비용 대비 만족감이 클 때 그건 충분히 가치가 있는 소비죠. 문제는 내게 만족감을 안겨주는 좋아하는 것도 아닌데 순간의 충동을 참지 못해서 소비하게 되는 건 막아야 한다는 겁니다. 어떤 행동에서 온전한 만족을 느끼려면 그 행동에 대한 '집중'이 필요해요. 여러분의 뇌가 슬프거나 괴로워 감정적으로 소모가 많아서, 혹은 공부하느라 힘들어서 지쳐있다면 먹는 행위나 소비 행위에 대한 집중이 덜 됩니다. 주의가 분산되어 집중이 흐트러지면 똑같은 양을 먹거나 소비해도 만족의 양과 질이 떨어지게 되는 거죠. 그래서 더 크고 자극적인 소비만 찾게 되는 겁니다. 이 사실을 기억하세요. 슬프거나 힘들어 뇌가 바쁠 땐 더 크고 자극적인 무언가를 원하게 된다는 걸 기억하세요. 최근 여러분이 이전보다 더 큰 자극을 원하고 있다면 되돌아보세요. 머릿속에 지나치게 할 일을 밀어 넣고 쉴 새 없이 살고 있지는 않은지, 무언가 마음이 흔들리는 일이 있는 건 아닌지 말입니다. 충동적으로 무언가를 사게 되는 것, 맵고 단 걸 찾게 되는 것의 원인이 의외로 마음에 있는지 모릅니다.

신시아 크라이더Cynthia Cryder 교수의 실험에서, 슬픈 영화 혹은 재난 영화를 보고 과소비를 많이 하는 경향이 있는 사람들은 자기 초점self-focus 경향성이 컸어요. 자기 초점 경향성은 자신이 겪는 일들이 모두 자신과 관련 있으며, 그래서 자신에게만 집중된 것으로 생각하는 거예요. 어려운 상황이 나 때문에 일어났거나, 나에게만 일어난다고 생각하는 거죠. 반대로 자기 초점 경향성이 낮은 사람들은 같은 상황에서도 과소비를 덜 하는 경향이 있었다고 해요. 불행과 고난이 나 때문에 일어났다거나, 나만의 것이라고 생각하지 않도록 하는 게 좋겠죠?

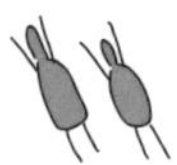

6. 양심적인 가격은 인기가 없다?

#준거가격

여름을 맞아 선글라스를 사고 싶어요. 선글라스는 써봐야 어울리는지 판단할 수 있으니, 쇼핑몰에 갔습니다. 눈에 들어온 두 개의 선글라스가 있어요. 둘 다 어울립니다. 고르기가 힘든데 가격까지 같네요. 그런데 하나는 정상가 10만 원인데 50% 할인해서 5만 원이고, 다른 하나는 정상가가 5만 원이고 할인은 없습니다. 여러분은 어떤 상품이 끌리나요? 어쩐지 정상가 10만 원이었던 게 더 좋은 제품으로 생각되지 않나요? 그 제품을 고르

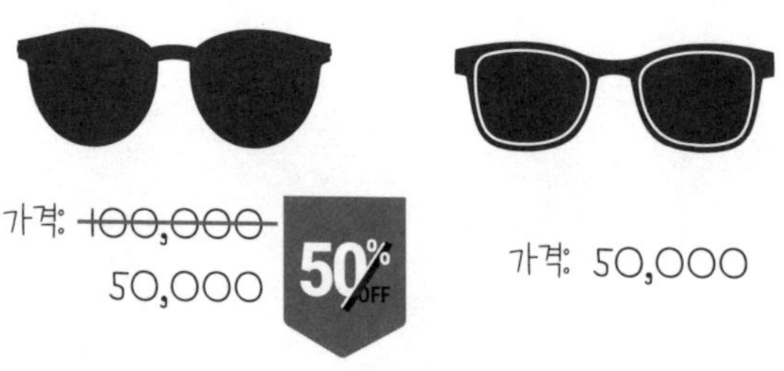

면 5만 원의 추가적인 이득을 보는 듯한 느낌이 들면서 말입니다.

저희 할머니는 쇼핑을 참 좋아하시고, 손녀인 저를 데리고 백화점에 가는 걸 좋아하셨어요. 온 매장을 다니면서 퍼센트 기호 옆에 가장 큰 숫자를 찾아다녔죠. 70% 세일이라고 붙은 걸 찾으면 참 기뻐했어요. 값이 너무 싸서 도저히 그냥 지나칠 수 없다면서 셔츠, 스웨터 등을 골랐어요. 제게 입혀보고, 어울린다고 사주시면서 어찌나 기뻐하셨는지 모릅니다. 아마도 싸게 샀다는 기쁨이 크셨던 것 같아요. 최초의 가격을 기준으로 삼아, 그와 비교해 싸게 샀다고 느끼는 거죠.

전 세계 대다수의 백화점과 온·오프라인 쇼핑몰에서는 일부러 높은 정상가격을 책정했다가 세일을 하는 가격정책을 쓰고 있어요. 일단은 가격을 비싸게 책정하고 나서, 온갖 창의적인 방식으로 할인 이벤트를 합니다. 할인하는 옷에 붙어있는 가격표를 보면 처음 가격에 줄이 그어져 있고, 새로 할인하는 가격이 적혀 있습니다. 10% 할인했다가, 20% 할인했다가, 점점 할인 폭이 커지고, 그 과정이 가격표에 고스란히 남아있습니다. 일부러 높게 설정한 '정상가격'을 끌어내려서 백화점이 가격을 왕창 깎아주는 것처럼 보이게 만드는 겁니다. 기준이 되는 최초의 가격인 '정상가'를 행동경제학에서는 '준거가격Reference price'이라고 불러요. 세일해서 실제로 지불하는 가격과 준거가격의 차이만큼을 상대적인 가치로 기쁨을 느끼는 겁니다. 이런 건 소비자를 우롱하는 판매라는 생각이 드나요?

10여 년 전 미국의 백화점 JC페니의 새로운 CEO가 된 론 존슨은 백화점의 오랜 전통인 '일부러 높은 가격을 책정한 후, 그걸 할인해 주는 가격정책'을 없앴어요. JC페니 백화점은 이제부터 '공정하고 정직하게' 약간의 이익을 붙여 정상가격을 책정하고 할인 행사를 없앤다고 했죠. 할인 쿠폰도 발급하지 않고, 높은 할인율을 붙여 둔 매대도 없어졌어요. 론 존슨은 정직한 가격정책을 소비자들이 좋아할 것으로 생각했어요. 그러나 이 시도는 실패로 돌아갔습니다. 저희 할머니처럼 할인 폭이 큰 걸 찾아다니기 좋아하는 고객들은 이 제도가 싫었던 겁니다. 백화점의 매출은 크게 줄었고, 론 존슨은 1년 만에 CEO를 그만두게 되었어요. 그가 그만두고 나서 JC페니 백화점에서 판매하는 물품들의 정상가격은 다시 높아졌고, 다시 할인 행사를 하면서 고객들이 돌아왔다고 합니다. 대체 사람들의 머릿속에는 무슨 일이 일어나고 있는 걸까요? 정상가격 5만 원이고 할인이 없는 상품과 정상가격 10만 원인데 50% 할인하는 두 상품이 있을 때, 후자를 고르게 되는 심리. 어떤 상품의 실제 가치를 직접적으로 판단하기는 어려워요. 정상가격을 기준으로 얼마나 할인이 되었는지 보며 상대적으로 그만큼 싸서 이득을 본다고 느끼는 거예요. 준거가격과 할인 가격이 차이인 상대적인 가치가 실제 가치를 판단하지 못하게 방해한다고 볼 수 있죠. 얼마나 할인했는지보다는 제품 자체의 실제 가치를 판단하려는 연습이 필요합니다. 내게 정말 가격 이상의 만족감을 주는 상품인지 말이에요.

"지난가을, 가족과 함께 한강 공원에 불꽃 축제를 보러 갔어요. 일찌감치 공원 잔디밭에 가서 돗자리를 깔고 휴대용 테이블과 의자도 놓았습니다. 저녁이 되어 불꽃 축제가 시작되었죠. 음료수도 꺼내서 마셨어요. 옆에 자리 잡은 팀은 치킨을 사 와서 고소한 냄새를 폴폴 풍기며 먹더라고요. 침이 꼴깍 넘어가더라고요. 그때, 바로 옆에 제가 좋아하는 A치킨을 튀겨서 파는 분이 계셨어요. 간이 트럭이었죠. 그런데 세상에나! A치킨 집에서 평소에 1만 9천 원인 치킨을 3만 원에 팔고 계시는 거 있죠! 차라리 2km 거리에 있는 A치킨 집에 가서 사 오는 게 낫겠다고 생각했죠. 그런데 공원에서 치킨집으로 나가는 길목에 사람이 너무 많아, 다녀오는 데 1시간이 걸렸고 그사이 불꽃놀이는 끝나버렸어요. 3만 원 주고 치킨을 사 먹는 게 나았었겠다 싶더라고요. 불꽃놀이를 보면서 치킨을 먹었을 때의 만족감을 돈으로 따져보면 3만 원은 넘었거든요! 정상가격이라는 준거가격보다 싸다고 사는 게 이득인 것도 아니지만, 경우에 따라서는 반대 경우도 있답니다. 내 만족감보다 가격이 비싼지 싼지, 잘 따져보세요!

5장

돈이 되는 행동경제학

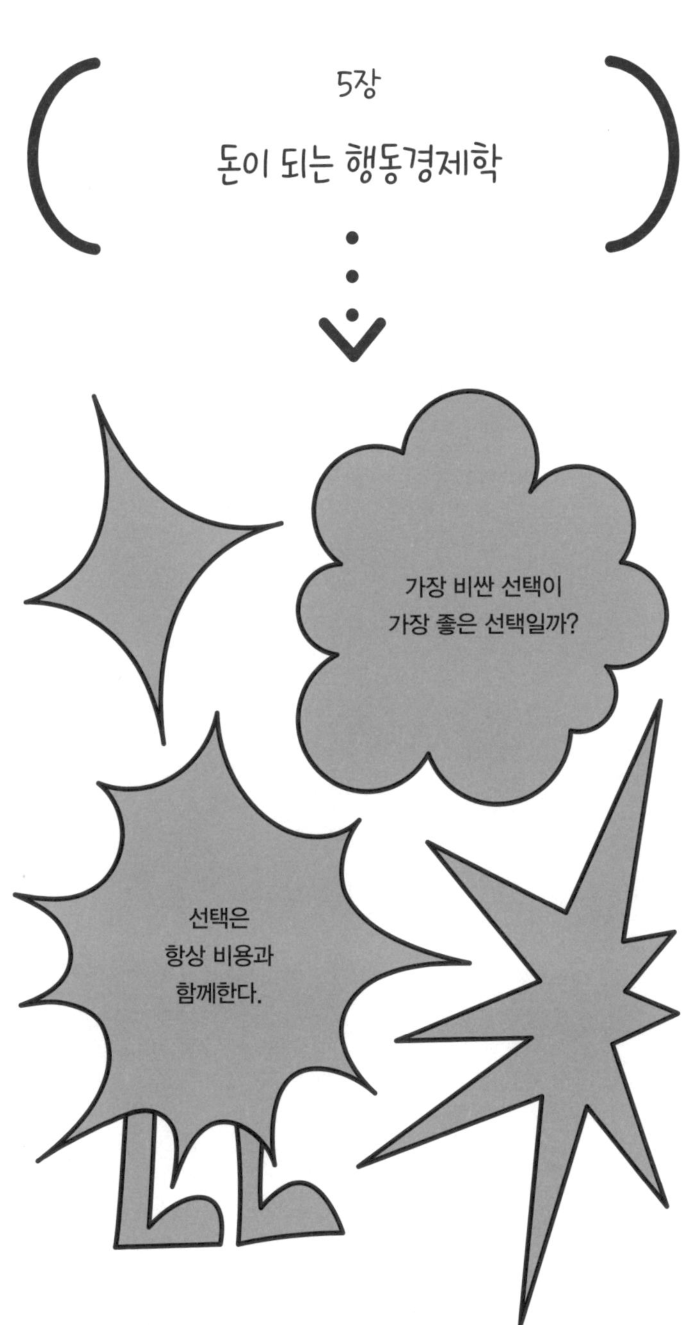

사람들은 반드시 필요해서
물건을 사는 것이 아니라,
자신이 원하는 것을 구매한다.

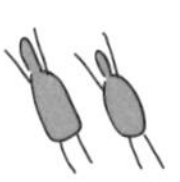

1. 돈이 다 같은 돈이 아니라고?

#심적 회계

용돈을 받아서 지갑에 넣어두었는데, 며칠 지나서 보니 돈이 감쪽같이 사라졌어요. 쓴 것 같지 않은데, 누가 가져갔나 싶지만 내가 쓴 거죠. 이런 경험 누구나 있을 거예요. 그런데요, 만약 지갑에 있는 용돈 3만 원 중 1만 원을 두 번 접어 학생증 뒤에 넣어두었다고 해봐요. 그 1만 원은 '비상금'이라고 정했습니다. 학생증 뒤에 넣어 둔 1만 원은 위급한 일이 생기지 않는 이상 1년 후에도 지갑 안에 있을 겁니다. 친구가 뭘 사 먹자고 해도, 빌려달라고 해도 '이건 비상금이지'라고 하고 쓰지 않을 가능성이 크거든요. 저는 대학생 때, 버스비가 없는데도 비상금은 건드리기 싫어서 1시간 거리를 걸어온 적도 있답니다. 1만 원이 지갑 속에서 움직인 거리는 단 1cm도 되지 않는 데 쓰지 않게 된다니 참 이상하죠. 반면, 공돈은 정말 쉽게 나갑니다.

집에 놀러 오신 친척 어른이 어른들이랑 있는 게 지루하지 않냐며 커피나 마시고 오라며 용돈으로 1만 원을 주셨습니다. 예기치 못하게 생긴 '공돈'이죠. 아마 대부분은 이 돈을 받자마자 쓰러 나갈 거예요. 정기적으로 부모님께 받는 용돈보다 이처럼 친척들로부터 비정기적으로 받는 용돈이나 세뱃돈 등이 좀 더 쉽게 쓰게 되지 않던가요? 더 많이 쓰게 되기도 하고요. 이는 미국의 경제학자 리처드 탈러Richard H. Thaler가 했던 실험 결과에서도 나타났습니다. 실험에서 복권 4등에 당첨되어 5만 원가량을 받게 되면, 그날 바로 다 써버리는 경우가 많았습니다. 학생증 뒤에 접혀있는 1만 원이나, 친척 어른이 주신 1만 원은 분명 같은 가치의 돈인데도 우리는 다르게 느끼는 겁니다. 왜 그런 걸까요? 다음과 같은 상황에서 어떤 선택을 하는지 보면 그 이유를 찾을 수 있습니다.

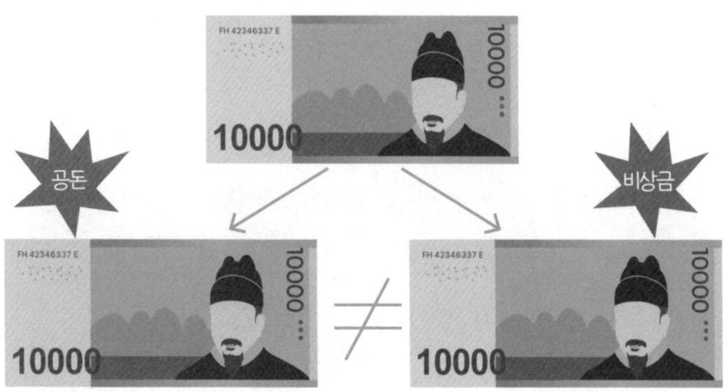

제가 학창 시절, 보고 싶던 공연이 있었어요. 공연 티켓 가격은 2만 원이었어요. 친구랑 함께 가기로 했는데, 알아보니 그리 인기가 많은 공연은 아니어서 당일에 와서 티켓을 사도 된다고 하더라고요. 당시엔 금융 카드를 쓰기보다는 현금을 주로 사용했었기에, 공연 티켓을 사려고 돈을 준비해 가져갔죠. 돈을 꺼내기 쉽게 2만 원은 가방 앞주머니에 넣어놨는데, 공연장에 도착해 티켓을 사려고 가방 앞주머니를 열어보니 돈이 없어진 거예요. 딱 공연 티켓 가격인 2만 원이 사라졌습니다. 당황스러웠지만 다행히 지갑 안에 3만 원이 남아있어, 티켓을 구매할 수 있는 상황이었어요. 돈이 없어진 게 아깝긴 했지만, 이왕 공연 보러 갔는데 그냥 돌아오고 싶진 않더라고요. 남은 3만 원 중 2만 원을 꺼내 티켓을 샀습니다.

제 친구는 미리 티켓을 예매해 배송으로 받아 두었더라고요. 그런데 그 친구는 오는 길에 그 티켓을 잃어버렸습니다. 가방을 탈탈 털어봤지만 티켓은 보이지 않더라고요. 다행히 그 친구도 티켓을 살 돈을 가지고 있어, 현장에서 티켓을 다시 구매할 수 있는 상황이었어요. 하지만 그 친구는 도저히 다시 티켓을 구매할 수 없겠다며 집에 돌아갔습니다. 티켓을 사는 데 이미 돈을 2만 원 썼는데, 또 티켓값으로 2만 원을 더 지불할 수 없다는 게 이유였어요. 결국 저 혼자 공연을 보고 온 거 있죠! 이런 현상을 연구한 학자들이 있어요. 대니얼 카너먼Daniel Kahneman과 아모스 트버스티Amos Tversky예요. 이들은 위와 유사한 상황을 가정하고 실험 참가자들에게 어떻게 하겠느냐고 물었어요. 돈을 잃어버렸을 때는 88%의 사람들이 티켓을 구매하겠다고 했지만, 티켓을 잃어버렸을 때는 46%의 사람들만 티켓을 재구매하겠다고 했어요. 똑같이 2만 원의 가치를 잃어버린 셈인데 왜 이렇게 다른 걸까요?

사람 마음속에는 가계부가 있어서 사용 항목마다 돈에 이름표를 붙여주고 있어요. 내가 받은 용돈 중 간식비 20%, 문화비 20%, 게임콘텐츠 10%, 비상금 10%…… 하는 식으로요. 돈을 잃어버린 경우는 아직 티켓에 돈을 지출했던 건 아니기에 티켓을 구매하는 비율이 높지만, 티켓을 잃어버린 경우에는 이미 문화비로 돈을 지출했기에 재구매를 안 하게 된다는 겁니다. 티켓을 잃어버렸는데, 또다시 티켓을 구매하게 되면 문화비로 4만 원을 지

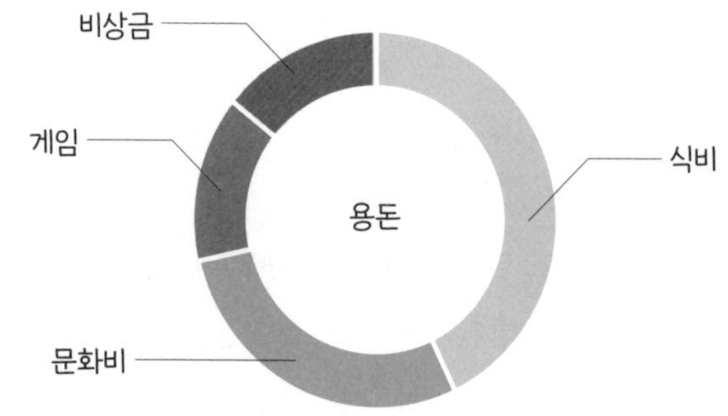

출한다고 느껴 부담이 된다는 거예요. 사실 돈은 다 같은 돈이기에, 간식비로 쓰려던 돈을 문화비로 사용할 수도 있고 반대로도 가능하죠. 돈을 잃어버린 것과 티켓을 잃어버린 건 동일하게 2만 원의 가치를 잃어버린 셈인 거고요. 그럼에도 마음속 가계부는 항목별로 돈에 이름표를 붙여두고, 각 항목별 지출 금액을 고려하게 되는데, 이를 '심적 회계Mental accounting'라고 부릅니다.

심적 회계는 우리가 마음속에서 돈을 식비, 문화비, 교육비, 예금 등 여러 개의 통에 나눠 남는다는 의미인데요. 심적 회계는 합리적 의사결정을 방해하기도 하지만, 적절하게 활용하면 스스로 지출을 줄이는 데 도움을 주기도 합니다. 심적 회계를 통합하는 게 필요한 경우를 생각해 볼게요. 두 경제학자 데이비드 그로스David B. Gross와 니콜라스 슐레레스Nicholas Souleles의 연구에 따르면,[22] 미국에서 5천 달러 이상의 예금 계좌를 가지고 있으면서도 평균 이자율이 18%가 넘는 신용카드 빚을 보유하고 있는 가구가 의외로 많다고 합니다. 예금으로 카드 빚을 갚으면 이자 비용을 줄일 수 있을 텐데 말이지요. 이 경우는 각 항목 통

22. Gross, D. B., & Souleles, N. (2000). Consumer response to changes in credit supply: Evidence from credit card data. Center for Financial Institutions Working Papers 00-04. Wharton School Center for Financial Institutions, University of Pennsylvania.

에 든 돈을 분리해서 생각하지 말고, 하나로 합해 우선 빚을 갚아 이자 비용을 줄일 수 있도록 하는 게 필요하겠죠. 하지만 마음속에서 돈을 여러 항목의 통에 나눠 담아 가지고 있는 심적 회계를 적절히 활용하면 스스로 지출을 통제하는 데 도움이 되는 경우도 많습니다.

심적 회계를 활용해 스스로 지출을 조절하는 팁! 알려드릴게요. 첫째 목표 자금이 있으면, 미리 떼어 저축하는 거예요. 3개월 후 갈 콘서트 티켓을 사기 위한 돈, 5년 후 대학생이 되어 배낭여행을 하기 위한 돈 등 목표를 이루기 위한 금액은 매달 용돈을 받으면 미리 떼어 저축하는 거죠. 용돈을 통장으로 받는다면, 정기적금 통장으로 일정 금액이 나가도록 자동이체를 해두어도 좋습니다. 자연히 나머지 돈에서만 사용할 테니, 지출이 통제됩니다. 남는 돈을 저축하려고 하면, 저축하기 쉽지 않습니다.

둘째, 공돈도 심적 회계의 한 항목으로 만드는 겁니다. 공돈이 들어왔을 때 막 쓰게 되는 건 심적 회계에는 없던 항목이 생겼기 때문이에요. 원래 계획에 없던 돈이기에 어차피 없어져도 된다는 생각이라, 막 쓰게 되는 겁니다. 공돈이 생겨 그 돈으로 무언가 소비를 하려고 한다면, 그 액수의 돈으로 할 수 있는 다른 일들을 떠올려보세요. 아마 좀 더 신중해질 수 있을 거예요. 비정기적으로 생기게 되는 용돈의 일정 비율은 무조건

저축한다는 원칙을 세워두어도 좋습니다.

셋째, 용돈으로 지출하는 각 항목의 한도를 정하는 거예요. 간식비 3만 원, 게임 아이템 1만 원, 문화비 3만 원……. 하는 식으로요. 각 항목별로 소비가 한도를 넘지 않도록 조절하는 거예요. '게임 아이템에는 1만 원까지만 지출한다'라고 정했다면, 게임 아이템에 쓴 돈이 1만 원이 되었을 때 한 번쯤은 더 쓰면 안 되겠다고 생각하겠죠. 스스로 정한 거고, 누가 강제하는 건 아니에요. 하지만, 스스로 정한 규칙을 용돈 관리 앱과 연결해서 정리해 두면 편리합니다. 스스로 내 손을 묶는 자아통제수단을 이야기했어요. 자동이체 정기적금으로 목적 자금 모으기, 공돈의 일정 부분은 저축하기, 사용 항목별 한도를 정하기. 세 가지는 꼭 지켜보세요!

"용돈을 어떻게 모으고, 쓰겠다고 계획을 세워도 어느 순간 지름신이 강령하는 순간이 있어요. 특히 특정한 분야에서 그렇게 되진 않나요? 저는 한동안 옷, 핸드백을 정말 좋아해서 제가 좋아하는 스타일의 옷이나 핸드백이 새로 나오면 눈에 아른거려서 자꾸 사게 되더라고요. 사람마다 약한 고리가 되는 분야는 다른 것 같아요. 게임 아이템이 되기도 하고, 특정 간식이 되기도 하죠. 사용 분야별로 약한 분야가 있다는 걸 알고 저는 금융 카드를 사용할 때, 사용 분야별로 스스로 한도를 정해두면 좋아요.[23] 심적회계를 이용해 스스로 내 손을 묶는거죠. 또 용돈의 일정 부분은 자동으로 정기적금으로 빠져나가게 하는 게 좋습니다. 나중에 어른이 돼서 일하게 되면, 시간이 지나면서 소득이 늘어날 거예요. 그럴 때, 소득 인상분은 자동으로 저축되도록 해두면 좋아요. 소득이 늘어나면 처음에는 좋지만, 또 그게 기본값이 되거든요. 소비도 늘기 마련이고요. 돈을 모으는 게 필요한 시기라면, 소득이 올랐을 때 그에 맞추어 소비를 늘리기보다는 늘어난 소득만큼은 자동으로 저축되도록 하면 좋겠지요.[24]

23. 특허 제 10-1677791호 사용분야별 한도제한 금융카드 결제시스템, 일본특허 특허제 6338391호, (특허권자: 김나영)
24. 특허 제 10-1682646호 임금 급여자의 가상계좌를 이용한 임금 인상분 저축방법 (특허권자: 김나영)

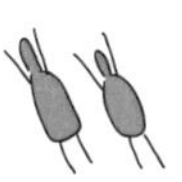

2. 키가 크면 소득이 높다고?

#비인지능력

학생들과 장래 희망에 대한 이야기를 했어요. 직업별 소득도 큰 관심사더라고요. 직업 선택에서 적성, 흥미와 더불어 소득도 고려해야 하는 요소니까요. 그런데, 한 친구가 엉뚱한 이야기를 하더군요. 대부분의 직업군에서 키가 큰 사람이 연봉을 더 받는다고요. 무슨 말도 안 되는 소리냐고 했는데, 미국 연구 결과라고 하더라고요. 진짜로 키 큰 사람이 소득이 높은 걸까요?

제게 '키와 소득'은 낯선 조합이었어요. 소득은 교육 수준이나 업무 경력과 성과 등 다양한 요소에 따라 결정되는 거고, 키는 타고난 유전자나 성장 환경의 영향을 받는다고 생각되었거든요. 그런데 키와 소득이 연관이 있다니! 키와 소득의 상관관계를 밝힌 연구가 있는지 찾아봤습니다. 놀랍게도 실제로 키가 작은 사람들보다 키가 큰 사람들이 평균적으로 더 높은 소득을 얻었다는 연구가 있더군요. 미국 펜실베니아 대학 앤드루 포슬레이트Andrew Postlewaite 교수와 그의 동료들의 연구에서 평균보다 키가 약 10cm 더 큰 경우, 약 10% 정도 소득이 높은 것으로 나타났습니다[25].

포슬레이트 교수는 키와 소득의 상관관계를 보며, 여러 생각을 해봤어요. '기업에서 키가 큰 사람들을 선호하는 걸까?', '키가 큰 사람들의 평균적인 가정환경이 키가 작은 사람들보다 나은 건 아닐까?' 등의 생각이었죠. 농구선수처럼 키가 클 때 일하기 유리한 산업이 아니라면, 고용하는 기업에서 키는 고려 사항이 아니었어요. 부모의 교육 수준이나 경제력 등의 가정환경 차이를 없애고 비교해도 키가 큰 사람들의 소득이 키가 작은 사람들에 비해 높게 나타났습니다. 그런데 추가 분석을 통해 놀라운 점을 발견했어요!

성인이 되었을 때의 키가 아니라 15~16세 때의 키가 소득에 영향을 준다는 거였죠. 15~16세 때까지 작았다가 이후 성장에 속력이 붙어서 키가 커진 사람들도 있었지만, 이런 사람들의 소득은 키가 작은 사람들에 비해 더 높게 나타나지 않았다는 겁니다. 10대 때 키가 컸던 사람들이 10대 때 키가 작았던 사

25. Persico, N. G., Postlewaite, A., & Silverman, D. (2004). The effect of adolescent experience on labor market outcomes: The case of height, Third Version. Third Version (March 15, 2004).

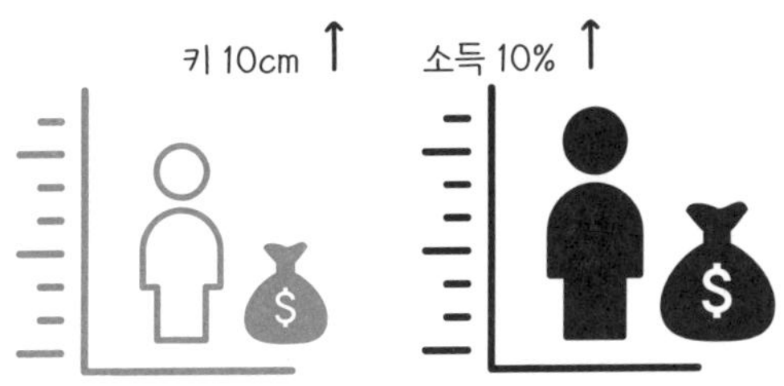

람에 비해 나중에 돈을 더 많이 번다니요! 10대 때 키가 지능에 영향을 주는 것도 아닌데, 정말 이상하지 않나요?

포슬레이트 교수는 추가적인 조사를 통해 아주 중요한 사실을 발견했어요. 바로 10대 때 키가 컸던 사람들이 10대 때 키가 작았던 사람들에 비해, 스포츠동아리 활동이나 학생회 활동을 비롯한 다양한 사회 활동 경험이 더 많았다는 점이었습니다. 다양한 사회 활동 경험은 팀으로 일하는 능력, 참을성, 타협하는 능력, 포용성, 리더십 등을 기르는 데 도움이 된 것으로 나타났고요.

공부해서 지식을 얻고 이를 연결하는 능력은 인지능력이라고 하고, 타협이나 포용심, 인내심, 사회성 등은 비인지능력이라고 불러요. 팀 쿠츠Tim Kautz, 제임스 헤크먼James Heckman, 론 디리스Ron Diris, 바스 윌Bas ter Weel, 렉스 보그한스Lex Borghans의 연구[24]에 따르면, 인지능력Cognitive Skills은 부모에게 물려받는 유전적인 영향이 크고 어릴 때 대부분 형성되지만, 비인지적 능력Non-Cognitive Skills은 교육과 환경적 요인이 크다고 해요. 또 청소년기,

성인기에도 계속 발전시킬 수 있죠.

포슬레이트 교수[26]는 10대 때 했던 이러한 사회 활동을 고려한다면, 키와 소득은 상관관계가 없다고 밝혔습니다. 중요한 건 키가 아니었어요. 키가 커서 소득이 높은 게 아니라 10대 때 키가 컸던 사람들이 학창 시절 여러 사회 경험을 하며 사회성, 타협 능력을 비롯해 사회생활에 필요한 아주 중요한 능력을 길렀고, 이 능력이 소득에 영향을 주었다는 거였어요. 키가 소득에 영향을 준 게 아니란 거죠! 10대 때 동아리 활동, 봉사 활동을 비롯한 다양한 사회 경험을 하면서 사회성을 기르고 함께 일할 때 필요한 능력을 기르는 게 미래 소득에 영향을 준다는 겁니다. 키가 작다고 고민할 필요가 없어요. 중요한 건 키가 아니라, 다양한 사회 경험을 하는 거예요. 그 과정에서 사회생활에서 꼭 필요한 서로 타협하고, 포용하고, 참을 줄 아는 등의 능력을 기를 수 있을 거예요. 비인지능력이라고 부르는 것들이죠! 미래 소득을 높이는 KEY, 키가 아니고 다양한 사회경험이랍니다! 여러분도 다양한 경험을 해보세요.

26. Kautz, T., Heckman, J., Diris, R., Ter Weel, B., & Borghans, L. (2014). Fostering and Measuring Skills: Improving Cognitive and Non-Cognitive Skills to Promote Lifetime Success. IDEAS Working Paper Series from RePEc, IDEAS Working Paper Series from RePEc, 2014.

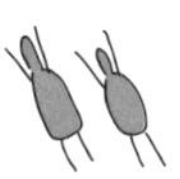

3. 2분 만에 그린 그림의 공정한 가격은?

#프레이밍 효과

저는 직장의 책상 서랍을 항상 잠그고 다녀요. 일기장이나 USB 등 개인적인 걸 보관하거든요. 그런데 열쇠를 잃어버린 거 있죠. 두 시간 후 중요한 발표를 해야 했는데, 자료가 서랍 속의 USB에 들어있었어요. 급하게 열쇠 수리공을 불렀죠. 출장 나온 아저씨는 고리 같은 걸 넣어서 몇 번 딸깍하더니 1분 만에 열었어요! 다행이다 싶었죠. 그런데 비용으로 4만 원을 요구하시는 거예요. '아니, 1분 만에 열었는데 4만 원이라니 너무 비싼 거 아닌가?', '저 분은 시간당 임금이 240만 원인 건가?' 불공정하다는 생각에 기분이 상했어요.

그때 몇 년 전 있었던 비슷한 상황이 머릿속을 스쳤습니다. 요즘은 현관문 잠금을 대부분 번호 키로 하지만, 예전엔 열쇠를 썼어요. 무더운 여름인데 제가 열쇠를 안 들고나왔고, 집에는 아무도 없었죠. 딱히 갈만한 곳도 없었어요. 저도 열쇠 수리 집에 연락했고, 열쇠 수리공이 도착했어요. 금방 집에 들어갈 수 있으리라 기대했는데, 이리 돌리고 저리 돌리고 삐걱삐걱해도 열리지 않았어요. 아저씨의 이마에 땀방울이 맺히기 시작하더니 얼굴, 목덜미에서 땀이 흘러내렸죠. 저는 너무 덥고 힘들어서 차에 가서 에어컨을 켜고 기다리고 있었어요. 다 되면 연락달라고 했고요. 두 시간이 지나서 연락이 왔어요. 가보니 아저씨 얼굴은 벌겋게 달아올랐고, 티셔츠는 땀으로 흠뻑 젖어있었어요. 얼마나 고생하셨을까 싶더라고요.

"아유, 이거 보통 열쇠가 아니구먼. 내 젖 먹던 힘까지 써서 돌리다 보니 이 뭐냐 잠금이 망가져 부렀어."

"아, 그럼 잠금장치도 다시 달아야겠네요."

아저씨가 수리하다가 잠금장치를 망가뜨리는 바람에 잠금장치도 새로 달았어요. 그렇게 하고 저는 잠긴 문을 연 비용 4만 원과 새 잠금장치 비용 3만 원, 총 7만 원을 냈습니다. 더운 여름날 땀을 뻘뻘 흘리며 두 시간 동안 고생하셨다고 생각하니 7만 원이 아깝지 않았어요. 충분히 그럴만 하다는 생각이 들었고 오히려 미안하고 고마운 마음이었어요. 시원한 음료라도 드시라고 팁도 드렸고요.

두 상황은 동일해요. 열쇠가 잠겼고, 그걸 열어준 거예요. 여러분이 두 수리공 중 한 명을 골라서 열쇠를 고쳐야 한다면 어떤 사람을 선택하겠어요?

대부분이 상황을 빨리 해결해 준 첫 번째를 선택할 거예요. 맞아요! 두 상황을 비교해보면 제 입장에서도 1분 만에 열어주는 게 몇 시간이 걸리는 것보다 훨씬 좋은 거잖아요! 특히 지난번처럼 급한 발표가 있는데 열쇠 수리 아저씨가 빨리 열어주지 않았다면 어쩔뻔했어요. 그런데 저는 왜 열쇠 수리공 아저씨가 자물쇠를 1분 만에 열어줬을 때 비용이 아깝다고 생각했을까요? 몇 년 전엔 기다린 시간도 더 길고 잠금장치까지 고장 내서 비용을 더 많이 지불했는데 돈이 아깝다는 생각이 안 들었잖아요. 그 이유는 두 번째 열쇠 수리공이 '오랜' 시간 고생했기 때문입니다. 노동의 기준을 시간으로 잡은 거예요. 오래 고생했으니 비싼 가격을 지불하는 게 공정하다고 생각한 거죠.

생각해 보면 잠긴 문을 금방 열어준 분은 숙련된 기술을 가진 분 아닐까요? 이 분도 초보일 때는 오랜 시간에 걸려서 문을 열었을 수 있었을 거예요. 하지만 기술이 좋아지면서 금방 열게 될 것일 수 있죠. 제가 건강검진으로 혈액검사를 할 때마다 느끼는 게 있거든요. 저는 혈관이 가늘어서 바늘이 들어가면 잘 터져요. 능숙한 분은 한 번에 혈액을 채취하기도 하는데, 익숙하지 않은 분은 자꾸 실패해서 고생해요. 이곳저곳 찌르다 일곱 번 만에 성공한 적도 있거든요. 열쇠 수리도 마찬가지일 수 있는 거죠. 1분 만에 문을 연 편이 제가 받은 혜택은 더 큰 건데, 두 시간 걸려 열고 잠금장치까지 망가뜨린 경우보다 비용이 더 비싸다고 생각하는 건 합리적인 사고가 아닌 거죠. 동일한 서비스에 대해서는 동일한 가격을 지불하는 게 당연한 건데, 왜 이렇게 생각한 걸까요? 당장 내 눈앞에서 보여진 노력과 시간이 일의 가치라는 '틀프레임'로 바라봤기 때문이에요. 어떤 틀로 바라보느냐에 따라 다르게 느껴지고 판단하게 되는 걸 프레이밍 효과Framing Effect라고 해요.

또 다른 예로 실제로 있었던 일인지 아닌지는 알 수 없지만, 이와 비슷한 화가 파블로 피카소에 대한 일화가 있어요. 어느 날 그가 공원에 있는데, 한 여성이 다가와서 초상화를 그려 달라고 했대요. 그러자 그는 그 여성을 잠깐 살펴보고 일필휘지로 휘리릭 초상화를 그려서 건넸어요.

"와, 어떻게 제 진짜 모습을 이렇게 금새 포착해 내셨나요? 놀라워요. 얼마를 드려야 할까요?"

"5,000달러요."

"네? 단 2분밖에 안 걸렸잖아요. 어쩜 그렇게 많은 돈을 받으려고 하세요?"

여성의 항의에 피카소는 다음과 같이 대답했다고 해요.

"단 2분이라니 무슨 말씀을요. 내 평생의 시간에다 2분이 더해진 시간이 걸린 건데요."

오랜 기간에 걸친 노력의 결과로 그만큼의 실력을 갖추었다는 의미겠지요. 전문성과 지식, 경험. '1만 시간의 법칙'이라고도 하잖아요. 어떤 분야에 전문가가 되려면 그만큼의 시간이 필요하다고요. '지금 당장 노력을 얼마나 들였는가'라는 틀로 가치를 평가하려 하면, 우리는 이런 것을 제대로 바라보지 못하고 정확한 가치를 평가할 수 없습니다. 잠긴 문을 열어주는 서비스의 가치는 공정함과는 관련이 없습니다. 지금 당장 얼마의 노력을 들였는가로 그 가치를 평가할 수 없는 거예요. 여러분이 어떤 분야에서 일하게 되든, 오랜 기간 노력하며 실력을 쌓으세요. 그럼 그 분야의 일을 할 때, 남들보다 더 빠르게 할 수 있겠죠. 숙련된 기술이 필요한 직종만이 아닙니다. 창의적인 혁신적 아이디어가 번쩍 떠오르는 것도 오랜 기간 그 분야의 전문적인 지식을 습득하고 문제를 해결하려는 노력이 있어야 가능한 거예요. 어떤 일이 되었든, 자신이 쌓은 실력이 있으면 남들보다 쉽게 해결하면서 더 높은 보수를 얻어요. 그게 공정한 거죠.

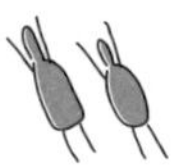

4. 신뢰가 곧 돈이다

#사회적자본

방학 중 프랑스 여행을 계획하면서, 숙소를 알아보고 있어요. 호텔을 알아보니, 가격이 너무 비싸더라고요. 저는 에어비앤비로 알아봤죠. 함께 가기로 한 친구는 '모르는 사람, 그것도 외국인 집에 가는 게 위험하진 않을까?'라고 하더라고요. 주인이 나쁜 마음을 먹으면 무슨 일이 일어날지 모르는 거긴 하잖아요. 저는 에어비앤비는 믿을 만한 플랫폼이라고 말하며 친구를 설득했어요. 그러면서 생각해 봤어요. 플랫폼의 어떤 시스템이 믿을 만하게 만든 걸까 하고요.

2021년 tvN에서 방영한 드라마 〈빈센조〉 1화에는 이탈리아에서 귀국한 주인공이 공항에서 택시 강도를 당하는 일화가 나옵니다. 택시를 타려고 기다리는 주인공에게 한 남자가 다가와 자신은 리무진 기사인데 예약이 취소되었다며 자신의 차를 타라고 권합니다. 차 안에 놓여있던 물 속엔 수면제가 들어있었고, 택시 기사는 그걸 마시고 잠든 주인공의 가방에서 돈을 훔쳐 달아나요. 만약 택시 표시가 없는 차를 탄 누군가가 제게 자신의 차로 데려다준다고 하면, 절대 타지 않을 거예요. 빈센조처럼 강도를 당할지 누가 알겠어요. 특히 외국이라면 더 무서운 마음이 들겠지요. 외국 여행 갔을 때 저는 우버를 자주 이용합니다. 그런데 이상하지 않나요? 우버 기사도 제가 생판 모르는 사람이잖아요. 무슨 차이일까요? 제가 믿는 건 우버의 '시스템'입니다. 우버 앱은 출발지와 목적지를 입력하고 기다리면 가까이 있던 우버 기사가 제 콜을 수락하고, 저도 그 차를 탈지 말지 선택하죠. 제가 수락할지 말지는 그 기사의 별점을 보고 선택해요! 평가한 건수가 수천 개고, 별점이 높다면 신뢰할 만한 기사로 생각하는 거죠. 제가 수락하면 그 기사가 출발지로 데리러 옵니다. 앱에는 그 차량의 번호와 기사의 인적 사항이 나오고, 그 차량의 위치가 표시됩니다. 차량을 이용하는 중에도 앱에는 제 도착지로 제대로 가고 있는지 표시되고요. 모르는 길이라고 해도, 앱상에 표시가 되니 엉뚱한 곳으로 가지 않는다는 걸 알 수 있는 거죠.

에어비앤비도 마찬가지예요. 에어비앤비라는 '플랫폼'이 안전한 숙소라는 걸 인정해 주기 때문에 플랫폼 이용 수수료를 내면서도 이용하는 겁니다. 에어비앤비도 우버처럼 숙소 주인의 정보와 그곳의 컨디션에 대한 별점을 확인할 수 있어요. 별점과 후기를 보면 그곳의 컨디션이 어떤지, 주인이 어떤지 알 수 있습니다. 또 사기 거래에 대해서는 에어비앤비에서 보상을 해준다고 되어 있거든요. 플랫폼 시스템의 신뢰가 기업의 가치를 만들어 낸 겁니다.

온라인을 통한 중고 거래가 처음 시작되었던 무렵에는 서로를 믿지 못하는 경우가 많았어요. 중고 거래 카페 게시판에 판매자가 물품 사진과 소개 글을 올리면, 사고자 하는 사람이 댓글을 달아 거래를 하는 형태였죠. 판매자와 구매자가 서로를 믿지 못해서, 일어나는 웃지 못할 에피소드들이 많았습니다. 판매자는 자신이 물건을 보내는데 구매자가 송금하지 않을까 봐 불안하고, 구매자는 자신이 대금을 송금했는데, 판매자가 물건을 보내지 않으면 어떡하나 걱정하고 말이에요. 물건 보내는 택배 송장을 찍어 보내면, 송금하겠다는 식으로 거래하기도 했어요. 택배를 받았는데, 뜯어보니 벽돌이 들어있었다는 후기들도 있었죠. 중고 거래에서 문제가 계속되자 이를 해결하고자 한 중고 거래 플랫폼이 등장했어요. 지역 기반의 직거래를 내세운 당근마켓이죠. 자신의 위치를 앱에 입력하면, 자신과 가까운 곳에 있는 사람과 거래할 수 있는 겁니다. 지역이 가까우니 택배로 거래하기보다는 직접 만나서 물건을 확인하고 대금을 지급하는 사람들이 많죠. 그리고 거래할 때마다 서로 상대에게 별점을 줄 수 있도록 만들었죠. 상대의 만족도가 높은 거래 횟수가 많아질수록 플랫폼에서는 그에게 '매너 온도'라고 불리는 신뢰 지수를 높여주고요. 당근마켓에서 운동화를 구매하고자 검색하면, 매너 온도가 높은 판매자의 운동화가 먼저 나옵니다. 유튜브에서 최근 영상부터 보여주기보다는 사람들이 많이 본 영상을 먼저 띄워주는 것과 마찬가지로요. 매너 온도가 높을 때 상대가 자신을 신뢰하고 판매가 잘 될 가능성도 높아지니, 사람들은 상대를 만족시키고자 노력하게 됩니다. 당근마켓이 처음에는 지역 기반의 직거래로 중고 거래의 불신을 해소하고자 했고, 차츰 신뢰 지수를 통한 신뢰를 구축했죠. 여기에 더해 당근마켓에서 사기를 당하는 경우, 일정 금액까지 보상해 주는 제도도 마련했습니다. 신뢰 시스템 구축을 통해 당근마켓은 기업가치를 높게 평가받았어요. 다른 중고 거래 플랫폼과 비교해 30배나 높게 평가받았다고 하니, '신뢰는 곧 돈'이라고 볼 수 있겠지요?

“맛집에 가고 싶으면 여러분은 어떻게 찾아보나요? 저는 레스토랑 예약 앱이나 포털 등에서 검색을 해봐요. 많은 사람들이 리뷰를 남겼는데, 별점이 높으면 어쩐지 신뢰가 갑니다. 별점과 후기를 보고 선택하게 되는 것. 저만 그런 건 아닐 거예요. 그렇다면 별점은 곧 돈이 아닐까요? 그런데 만약 그 별점과 후기가 조작되었다는 게 밝혀지면 어떨까요? 신뢰가 무너지게 됩니다. 차곡차곡 고객과 신뢰를 쌓으며 별점을 쌓아온 음식점들이 있는데, 몇몇 음식점에서 별점을 조작한다고 해봐요. 그건 결국 정직하게 별점을 쌓아온 음식점들의 돈을 빼앗는 셈이 됩니다. 신뢰할 수 있는 시스템은 그 자체가 가치를 창출하고 자본으로 평가되는 거예요. 신뢰 사회의 평점은 곧 돈입니다. 한 사회의 신뢰수준은 그 사회의 경제적 번영과 밀접한 연관이 있은 건 물론이고요.

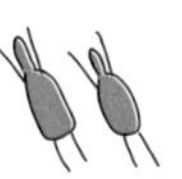

5. 느슨한 연결 관계에 신경써야 하는 이유

#인적 네트워크

여러분은 미래에 어떤 일을 하고 싶으세요? 아직 내가 뭘 좋아하고, 잘하고, 뭘 하고 싶은지 찾지 못했어도 괜찮아요. 다양한 경험을 하면서 차츰 찾아가면 되니까요. 생성형 AI가 등장하고, 굉장히 빠르게 변하는 사회. 여러분은 아마도 평생 한 가지 일만 하면서 살게 되진 않을 거예요. 이젠 안정적인 평생직장이라는 개념도 사라졌잖아요.

여러분이 스스로 창업을 할 수도 있고, 일자리를 찾을 수도 있겠지요. 창업하든 일자리를 찾든 사람 간의 연결 관계는 중요한 역할을 합니다. 인적 네트워크라고도 부르지요. 가족, 친한 친구처럼 끈끈하고 강한 연결 관계도 있고, 자주 소통하지는 않으나 알고 지내는 느슨한 연결 관계도 있죠. 마크 그레노베터Mark Granovetter는 일자리를 찾을 때 인적 연결 관계가 어떤 영향을 주는지 연구했어요.[27] 가족이나 친한 친구처럼 강한 연결 관계에 있는 사람이 특정한 일자리를 찾는 데 도움을 줄 수 있어요. 그런데 흥미로운 점은, 오히려 알고만 지내는 느슨한 연결 관계에 있는 사람들을 통해 일자리를 찾거나 일을 하는 데 도움을 받은 경우가 더 많았다는 거예요. 왜 그럴까 분석해 보니, 느슨한 연결 관계에 있는 사람들은 대체로 자신과 다른 정보를 가지고 있기 때문이란 거예요. 그들을 통해 평소에 접하지 못했던 정보를 얻을 수 있어, 일자리를 구하거나 자신이 하는 일에 도움을 받기 좋다는 거죠. 느슨한 연결 관계는 일자리를 찾는 데 중요한 역할을 하는 겁니다.

로라 지Laura K. Gee와 그의 동료들에 따르면, 최근에는 SNS에서 알고 지내는 사람들을 통해 일자리를 얻는 데 도움을 받는 경우가 많았어요.[28] 일자리 시장에서 가치 있는 정보들이 SNS를 통해서 전달되는 경우가 많기 때문입니다. 일자리를 구하고 경력을 쌓는데 끈끈하고 강한 연결 관계도 도움이 되지만, 느슨한 연결 관계가 오히려 더 많은 도움을 줄 수도 있어요.

27. Granovetter, M. S. (1973), The Strength of Weak Ties, American Journal of Sociology, 78(6), 1360–1380

28. Gee, L. K., Jones, J. and Burke, M. (2017), Social Networks and Labor Markets: How Strong Ties Relate to Job Finding on Facebook's Social Network, Journal of Labor Economics, 35(2), 485–518

비단 일자리가 아니어도 다양한 관심사를 가진 사람들과 느슨한 연결 관계를 맺는다면 혼자서 이런저런 정보를 검색하는 것보다 더 생생한 정보를 얻을 수 있을 거예요. 적당한 거리를 유지하며 간간히 소식을 전하는 느슨한 연결 관계도 중요한 겁니다. 하지만 사람들과의 네트워크가 중요하다고 각종 모임과 SNS에 지나친 시간을 쓰는 건 오히려 좋지 않을 수 있어요. 우리가 어떤 일을 수행하는 데 필요한 인지적 자원은 한정적인데 네트워크 관리에 에너지를 쏟다 보면, 진정 자신의 공부와 일을 소홀하게 될 테니까요. 모든 건 과유불급이에요. 친한 친구 및 가족들과의 관계 속에서 정서적 충족도 채우고, 적당한 거리를 유지하며 간간히 소식을 전하는 사람들과의 관계도 모두 적절히 신경 쓰는 게 좋겠지요?

SNS를 하다 보면 세상은 정말 좁다는 게 느껴져요. 친구 피드에 달린 댓글을 보다 보면, 아는 이름이 보이는 경우가 꽤 있더라고요. '어, 넌 00를 어떻게 알아?', '넌?'. 친구의 친구가 내 친구인 경험, 여러분도 있지 않나요? 몇 다리 걸치면 다 아는 사람이란 말이 실감 나더라고요. 그렇게 연결되면서 일, 커리어가 확장되는 경우도 생기고요. 저도 지인의 지인이 제 피드를 살펴보고는 본인과 협업하면 좋을 것 같다고 제안을 준 경험이 있어요. DM으로 강의 요청이 오기도 하고요. 하지만 SNS의 세상에 빠져있다 보면 시간이 블랙홀에 빨려 들어가듯 훅 지나버리곤 하죠. 적절한 관리가 중요합니다. 자신의 관심사, 탐구하고 있는 것들, 공부나 일과 관련된 성과를 올려보세요. #키워드도 붙여서요. 내가 올린 스토리, 게시물에 좋아요가 몇 개 달리고, 댓글은 얼마나 달리는지 신경 쓰지 마세요. 힘들지만, 사용 시간을 정하고 딱 그만큼만 하는 연습을 하는 거예요!

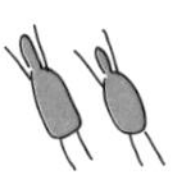

6. 비오는 날 택시 잡기가 힘든 이유

#휴리스틱

주식 투자를 한다고 생각해 볼게요. 괜찮은 회사 주식을 샀어요. 보유한 지 한 달이 지났는데, 손실을 보거나 예상보다 수익이 적게 났어요. 그럼 이 주식을 팔아야 할까요? 답을 생각해 보기 전에 비 오는 날엔 유독 택시 잡기 어려운 이유를 먼저 생각해 볼게요. 너무 엉뚱하다고 생각되나요? 그런데 이 두 문제가 연결된답니다.

지난 토요일 저녁, 제가 좋아하는 가수 콘서트에 다녀왔어요. 그날따라 하루 종일 비가 내렸어요. 실내에서 하는 거라 콘서트 관람엔 문제없지만, 응원 도구를 챙겨가는데 비에 젖을까봐 신경 쓰이더라고요. 지하철역과 버스 정류장에서 콘서트홀까지 거리가 꽤 되었거든요. 택시를 타고 가서 콘서트홀 바로 앞에서 내리면 괜찮겠다 싶었어요. 평소 이용하는 택시 앱으로 택시를 잡으려 했죠. 그런데 계속 '주변에 차량이 없습니다'라고 뜨는 거예요. 몇 차례 시도했는데 계속 잡히지 않았어요. 3천 원 요금 추가해서 불러봤지만, 소용없었어요. 비가 오는 날엔 유독, 택시 잡기가 참 힘들어요. 특히 저녁 시간이 되면 더 힘들어지더라고요! 대체 비가 오면 왜 택시 잡기가 힘들어지는 걸까요?

비 오는 날엔 택시를 이용하려는 사람이 많아져요. 유독 춥거나 더운 날, 눈 오는 날에도 그렇죠. '비가 온다고 택시 수가 늘어나지 않는데, 이용하고자 하는 사람들이 많아지니 부족해지겠구나'라고 예상할 수 있을 거예요. 그런데 제가 그날 대로변에서 택시를 잡고자 40분을 기다리며 발견한 건, 다니는 택시 수 자체가 적다는 거였어요. 제가 있던 곳만 우연히 그랬던 건지, 전반적으로 운행하는 택시 수가 줄어드는 건지 궁금해서 알아봤어요. 비 오는 날 오후가 되면 운행하는 택시의 수가 줄어드는 게 맞았어요! 택시 기사님들은 본인이 정한 하루 매출 목표금액을 달성하면 퇴근하는 경우가 많다고 해요. 비가 오면 택시를 이용하는 사람들이 많아서, 목표 매출액을 평소보다 빠른 시간에 달성하게 되고요. 이른 아침부터 운행을 시작해서 오후가 되면 목표 금액을 달성하고 퇴근하는 경우가 많다는 거예요. 평균적인 택시 운행 시간이 줄어드는 거죠. 비가 오면 택시를 이용하려는 사람은 늘어나는데, 택시의 공급이 줄어드니 그만큼 택시 잡기가 어려워지는 겁니다.

비 오는 날 오래 기다려야 하는 또 하나. 배달 음식입니다. 비가 오면 배달 음식 주문이 평소보다 많아진다고 해요. 외식하러 나가기보다는 집에서 주문해서 먹고자 하는 사람들이 많아지기 때문이겠죠. 비 오는 날 배달 앱으로 음식을 주문하면 평소보다 더 오래 기다려야 하는 경우가 많아요. '지금은 라이더가 없어 배달이 불가합니다'라고 안내가 뜨는 경우도 꽤 있고요. 배달 기사님들도 하루 목표 매출액을 채우면 퇴근하는 경우가 많다고 해요. 배달 주문은 늘어나는데, 배달 공급은 줄어드니 그만큼 이용이 힘들어지는 거죠.

하루치 목표 매출액 달성하고 퇴근하기. 합리적인 선택일까요? 하루 매출이 아니라 한 달 혹은 일 년 매출로 좀 더 긴 단위로 생각한다면 오히려 비 오는 날에 평소보다 더 긴 시간 운행하는 게 합리적입니다. 택시의 경우, 맑은 날에 승객을 찾아 헤매느라 오랜 시간을 써야 하는 데 비해 비 오는 날은 금세 승객을 태울 수 있습니다. 승객을 태우지 않은 채 연료를 낭비하며 무의미하게 돌아다니는 시간을 줄이고 효율적으로 운행하니 시간당 수입이 높아집니다. 게다가 이용하고자 하는 사람이 많아질 때, 그에 맞춰 요금을 올라가는 택시 앱도 있어요. 효율적으로 운행하는 데다 요금도 더 비싸게 받을 수 있으니 비 오는 날엔 오히려 오래 일하는 게 훨씬 이득이 될 수 있어요.

우리가 합리적으로 판단하려 할 땐, 편익과 기회비용을 고려해야 해요. 어떤 선택을 함으로써 얻게 되는 이익이나 만족감이 편익, 그 선택으로 인해 포기되는 것의 가치가 기회비용이죠. 택시 운행 한 시간 덜 하는 선택에 따른 편익은, 일찍 퇴근해서 편안히 쉴 수 있는 기쁨입니다. 기회비용은 한 시간 택시 운행으로 벌 수 있는 돈이고요. 한 시간 일찍 퇴근함의 편익은 맑은 날이나 비 오는 날이나 비슷하겠지만, 기회비용은 비 오는 날이 훨씬 크겠지요. 시간당 수입이 높은 비 오는 날 많이 일하고, 시간당 수입이 낮은 맑은 날은 적게 일하게 합리적인 거죠. 배달도 마찬가지고요. 하지만 사람의 심리가 매일 일정액 이상 수입을 정하고, 그에 맞춰 행동하려는 경향이 있다고 합니다. 어쩐지 그렇게 하는 게 편안하다고 느껴지는 대로 판단하게 되는 거죠. 머릿속에서 편한 방향으로 판단하게 되는 걸 휴리스틱Heuristic이라고 해요. 휴리스틱에 의한 판단은 종종 합리적인 판단을 방해하곤 합니다.

어떤 회사 주식을 사서 투자했을 때도 적용해 볼 수 있어요. 주식을 보유한 지 한 달이 지났는데, 손실을 보거나 예상보다 수익이 적게 났다고 해서 노심초사할 필요가 없어요. 괜찮은 회사 주식을 샀다면, 장기간 보유하고 있을 때 평균적인 수익률은 좋을 테니까요. 여러분이 공부할 때도 마찬가지예요. 어느 날은 유독 공부가 능률이 오르지 않고 공부가 안되는 때가 있을 거예요. 그런 날은 억지로 앉아 있기보다는 충분한 휴식을 취하거나 잠을 자고, 다음 날 맑은 정신으로 공부하는 게 더 합리적일 수 있습니다. 집중이 잘 되어 공부의 효율이 좋은 날 한 시간 쉬는 것의 기회비용이 유독 공부가 안되는 날의 기회비용보다 훨씬 클 테니까요. 그렇다고 혹시, 오늘은 공부가 안되니 공부가 잘되는 날 하는 게 낫겠다며 휴식만 취하는 건 아니겠죠? 양심에 손을 얹고 진짜 힘든 날인지 판단해 보시길 추천해요! 반대로 공부가 잘되는 날이라고 밤새워서 공부하는 건 건강을 해칩니다. 공부는 적정한 루틴으로 일정량 정해두는 것도 때때로 필요하긴 하답니다.

6장

행복을 만드는 행동경제학

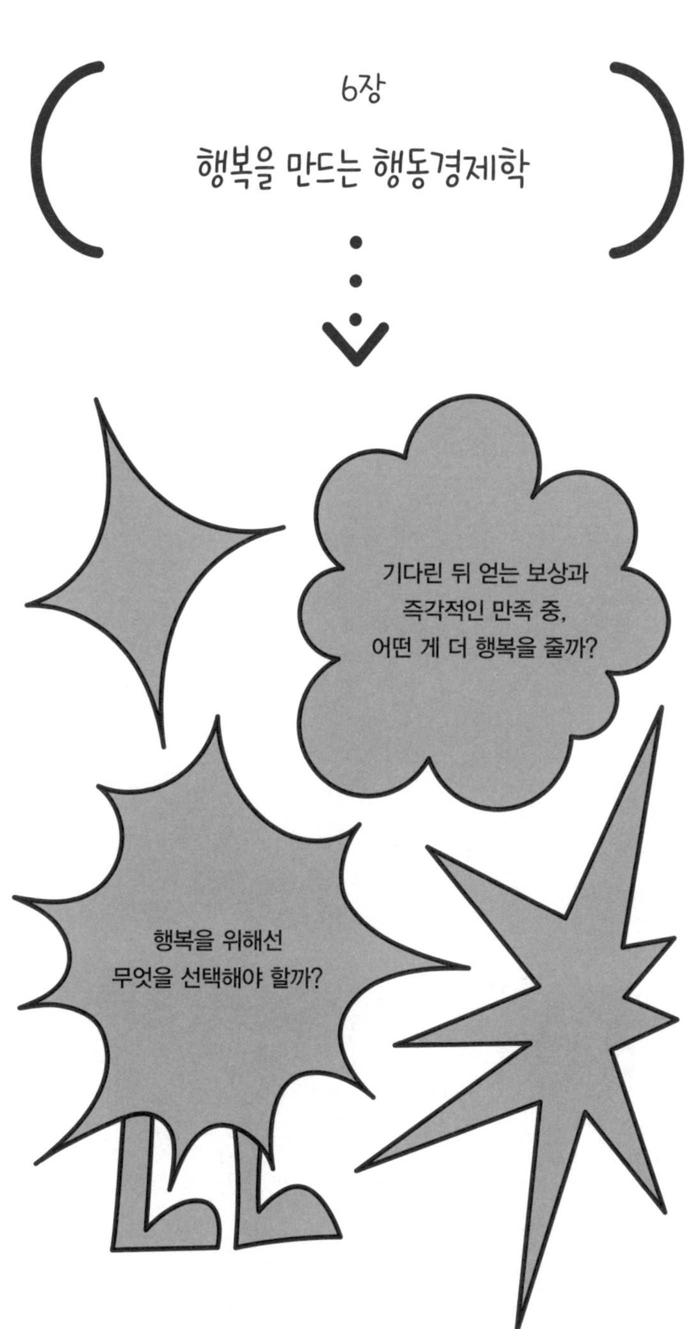

모든 선택에는
심리적 가격표가 붙어 있다.

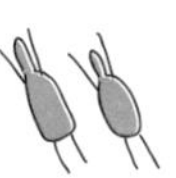

1. 같은 액수의 이익과 손실, 뭐가 더 크게 느껴질까?

#손실회피

두 가지 게임이 있습니다. 여러분은 어느 게임에 참여하시겠어요?

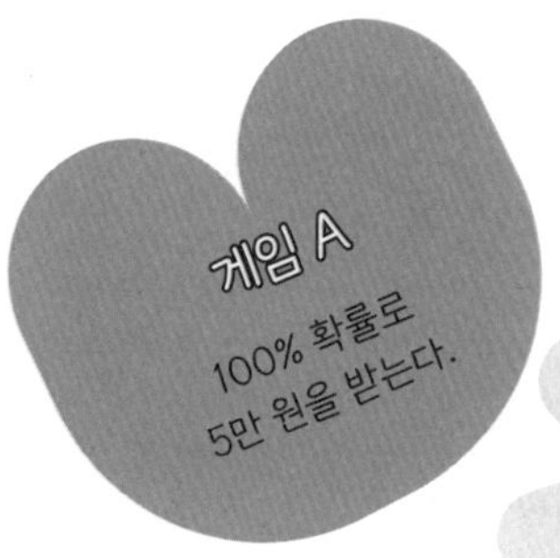

게임 B

동전을 던져서 앞면이 나오면
100만 원을 얻고,
동전을 던져서 뒷면이 나오면
50만 원을 잃는다.

경제학에서 가정하고 있는 대로라면 사람들은 게임 B를 선택해야 합니다. 게임 A의 기댓값은 5만 원이고, 게임 B의 기댓값은 25만 원이거든요. 게임 B는 50% 확률로 100만 원을 얻고, 50% 확률로 50만 원의 손실을 보니까 '100만 원×0.5-50만 원×0.5=25만 원'으로 계산할 수 있죠. 확률적으로 볼 때, 참여하는 게 이득입니다. 하지만 저를 포함해 많은 사람들이 게임 A를 선택합니다. 게임 B를 택하면 100만 원을 얻을 수도 있지만, 50만 원을 잃을 수도 있으니까요. 50만 원을 잃는 고통을 회피하고 싶기 때문이죠.

여러분에게 3만 원이 생겼다고 상상해보세요. 그걸로 뭘 하고 싶으세요? 치킨을 먹을까, 피자를 먹을까, 사고 싶던 티셔츠를 살까. 여러 가지가 생각날 거예요. 이번엔 만약 지갑에 두었던 3만 원이 사라졌다고 생각해보세요! 3만 원으로 못 하게 된 게 뭐가 있을까요? 사야 하던 더 많은 게 생각나고, 그 가치가 더 크게 느껴지지 않나요? 사람들은 같은 가치라도 얻게 될 때의 기쁨보다, 잃게 될 때의 고통을 더 크게 느낍니다. 이런 심리를 '손실 회피Loss aversion'라고 합니다. 이런 심리는 다음 그림처럼 표현됩니다.

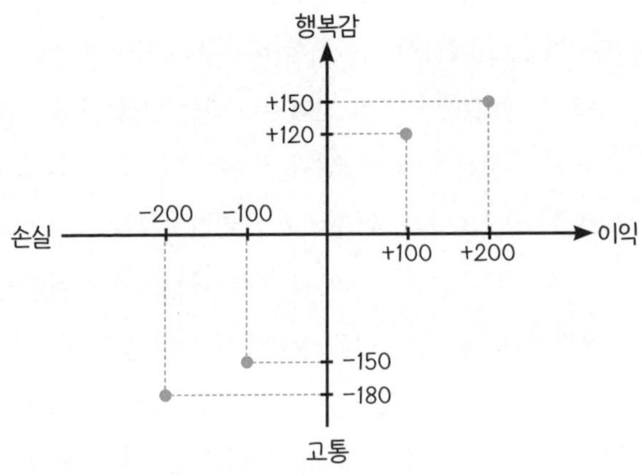

이익과 손실에 따른 행복과 고통

그림에서 가로축은 이익과 손실, 세로축은 행복감과 고통을 나타내요. 100만 원을 얻었을 때의 행복감을 120이라고 한다면, 100만 원을 잃었을 때의 고통은 150인 거죠. 내 지갑으로 들어올 때보다 내 지갑에서 나갈 때 그 고통이 훨씬 크다는 겁니다. 예전에 TV 프로그램에서 실험을 진행한 걸 봤어요. 길거리에서 만나는 사람들에게 복권을 구매한다면 얼마까지 지불할 의향이 있는지 물었습니다. '1,000원이면 사겠다, 그 이상 돈 주고 구매하진 않겠다'고 답하는 할아버지의 모습이 나왔어요. 잠시 후 할아버지는 길에 떨어져 있는 복권 한 장을 줍

게 됩니다. 프로그램 제작진이 미리 잘 보이는 위치에 떨어뜨려 둔 복권이었죠. 제작진이 마련한 배우가 할아버지 옆을 지나가며, "주운 복권이 당첨이 잘 된다던데"라는 말을 하고는, 다가가서 그 복권을 팔라고 요청합니다. 할아버지는 복권을 팔지 않겠다고 하셨어요. 10만 원에 구매해 드린다고 했는데도 마다하셨죠. 이상하지 않은가요? 1,000원 이상 지불해서 구매하진 않겠다고 했다가, 그걸 손에 넣은 상태에서 팔라고 하니 10만 원에도 안 판다니요! 만에 하나 그 복권이 당첨된다면 그게 너무 아깝다고 생각이 들어서 일 수 있겠지요. 할아버지 외에도 여러 명의 같은 실험을 했는데, 공짜로 얻은 복권을 되팔 때 받고자 한 최소 금액은 평균 1만 원이 넘었습니다. 꼭 당첨 가능성이 있는 복권이 아니더라도 이런 현상은 발생합니다. 한 번 내 손에 들어와서 보유하고 있다고 생각했던 물건이 없어진다고 생각하면 얻을 때보다 그 가치를 더 크게 느끼게 된다는 거예요.

이런 현상은 다양한 곳에서 일어나요. 당근 마켓 등 중고 거래 사이트를 둘러보다 보면, 너무 낡아 보이는 물건을 비싼 가격에 내놓는 사람들이 보이지 않던가요? 저도 얼마 전 마음에 드는 카디건을 발견했는데, 사진을 자세히 보니 보풀도 살짝 있고 낡아 보이더라고요. 그런데 생각보다 제시된 가격이 높았어요. 채팅으로 가격 할인 네고가 가능한지 물었어요. 할머니가 사주셨던 추억이 있는 옷이라면서 더 낮은 가격으론 못 판다고 하더라고요. 이처럼 내 물건은 그 가치를 더 높게 평가하기 마련입니다. 추억도 함께 파는 느낌일 테니까요. 내 물건을 잃게 될 때 느껴지는 가치는 그 물건을 얻을 때보다 높은 것이죠. 여러분이 물건을 중고로 판매하려고 할 때도 마찬가지일 수 있어요. 사려는 사람이 생각하는 가치보다 여러분이 생각하는 가치가 더 높을 수 있는 거죠. 이럴 때는 내가 가지고 있을 때의 가치 및 장점과 잃었을 때의 손실 및 단점을 적어서 비교해 보는 것도 좋아요. 직접 글로 적어 보면 막연하게 생각되었던 것들이 단숨에 비교될 거예요. 뭐가 더 내 행복에 도움이 될지 어떤 게 더 필요할지도 한 눈에 알 수 있겠죠.

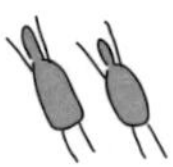

2. 큰 선물 한 번보다 작은 선물 여러 번이 낫다

#부킹 프라이스

사랑하는 사람이 있고, 마음을 표현하기 위해 선물을 하고 싶어요. 큰 선물 한 번이 나을까요, 작은 선물 여러 번이 좋을까요? 답을 말씀드리면 작은 선물을 여러 번 하는 게 훨씬 효과적입니다. 앞에서 보았던 그래프 그림을 다시 떠올려봐요. 200만 원을 한 번 받으면 150만큼의 행복감을 느끼지만 100만 원을 받고, 시간이 흘러서 또 한 번 100만 원을 받으면 총 240만

큼의 행복감을 느끼게 되는 거니까요!

그래프에서 가로축이 똑같이 늘어도 세로축은 증가하는 폭이 줄어들잖아요? 이익이나 손실의 양이 적을 때는 변화에 민감해서 손익의 작은 변화가 비교적 큰 행복감의 변동을 가져오지만, 이익이나 손실의 양이 커짐에 따라 작은 변화에 대한 민감도가 감소하는 겁니다. 지갑에 돈이 하나도 없다가 100만 원을 얻으면 엄청 기쁘지만, 100만 원이 있는데 또 100만 원이 더 생기면 덜 기뻐요. 얻는 이익의 양이 늘어감에 따라 같은 양을 통해 얻게 되는 행복감은 줄어드는 거죠. 그렇다고 점점 더 큰 선물을 하기는 어렵잖아요. 큰 선물을 주어 행복의 기준을 높이기보다는 작은 선물을 여러 번 주어 행복감을 더하는 것이 좋겠지요. 한 번의 큰 행복보다 여러 번의 작은 행복이 더 행복하게 느껴지는 겁니다. 행복은 빈도가 중요하다는 점을 기억하세요!

그럼 작은 선물을 여러 번 받는 상황 하나를 가정해 볼게요. 10원을 20만 번 받는 건 어떨까요? 작은 선물을 여러 번 받는 게 좋지만, 한 번 받는 선물이 너무 작으면 받아도 받은 것 같지 않고 효과적이지 않겠지요. 작은 선물이라도 '내 마음 장부에 기입할 수 있는 최소 가치' 이상은 되어야 합니다. 마음의 장부에 기록Booking하는 최소 가격Price이라고 해서 '부킹 프라이스Booking price'라고 불러요. 결론은 부킹 프라이스 이상의 선물을 여러 번으로 나누어 주는 게 좋다는 겁니다. 회사에서 일 년 치 임금을 한 번에 몰아서 받는 것보다 매월 받는 게 낫겠죠? 연봉협상을 해서 1년에 임금을 얼마 받기로 약속을 했다고 해도 1년 치를 한 번에 받기보다는 매월 받는 게 낫습니다. 그런데 더 쪼개서 한 주마다 받으면 어떨까요? 한 번에 받는 액수가 너무 적어서 그로 인해 느껴지는 행복감이 미미하다면, 한 달에 한 번 받는 게 더 좋을 겁니다. 개인마다, 문화마다 다르겠지요. 우리나라는 한 달에 한 번 받는 게 보편적이지만, 북유럽에서는 주 1회 받는 경우도 꽤 된다고 합니다. 북유럽인들의 부킹 프라이스가 우리보다 낮아서 아닐까요?

부킹 프라이스가 낮으면 행복감을 느낄 수 있는 작은 일들이 많아집니다. 소득이 같더라도 행복감이 더 커질 수 있는 거죠. 그럼 부킹 프라이스를 낮추는 방법이 있을까요? 네, 있어요! '위시리스트'를 만들어보는 거예요. 그런데 제가 학교에서 학생들에게 위시리스트를 얘기해 보라고 하면 가장 많이 나오는 대답이 '건물주'예요. 빌딩을 사면 기쁠 것 같다고요. 그런데 빌딩을 구매하려면 큰 금액이 필요하죠. 막연한 위시리스트 대신 실현 가능성이 높은 사소한 위시리스트를 만들어보세요. 좋아하는 키링 갖기, 친구랑 여행 가기 등 사소하지만 갖고 싶고 하고 싶은 것들도 위시리스트를 채우는 거예요. 사소한 위시리스트를 만들려니 손이 잘 나가지 않나요? 그렇다면 가족들과 함께 복권을 하나씩 사는 것도 방법이예요. 부모님께 부탁드려보세요. 충분한 가치가 있으니까요. 가족 수대로 복권을 산 다음, 그걸 하나씩 옆에 두고 '복권이 당첨된다면 하고 싶은 일'을 떠올리며 버킷리스트를 적는 거예요. 그럼 정말 하고 싶은 게 많이 떠오를 거예요. 요즘 떠오르는 베이글 집에 가보기, 맛있다고 소문난 빙수 먹기, 좋아하는 가수 콘서트 가기, 핫한 웹툰 보기 등등 하고 싶은 작은 일들이 수없이 많이 생각날 거예요. 하고 싶은 일들을 이렇게 적어두고, 용돈이 생겼을 때 혹은 시간이 날 때 하나씩 하면서 지워보세요. 그 일 하나하나가 모두 내 마음의 장부에 행복으로 기록될 테니까요. 자신이 뭘 하고 싶은지, 뭘 좋아하는지 소소한 것들부터 알아 가보세요. 거창하지 않아도 괜찮아요. 나를 잘 아는 게 행복의 비결입니다.

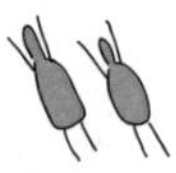

3. 한 달 무료 OTT, 왜 계속 이용하게 될까?

#보유 효과

저는 옷을 참 좋아해요. 하나둘씩 사다 보니 옷장이 꽉 찬 거 있죠. 새로 산 옷을 걸어 둘 곳이 마땅치 않아 안 입는 옷들은 정리하려고 했어요. 지금 입지 않는 옷들을 꺼냈죠. '버리긴 아까워. 언젠가는 입을지도 몰라' 싶은 생각에 버리기가 힘들더라고요. 더군다나 비싸게 샀던 옷이면 더 그렇고요. 버리기는 아까우니 중고마켓에 5만 원에 판매하려고 올렸어요. 2주가 지나도록 사려는 사람이 없었는데, 누군가가 댓글을 달았어요. 2만 원에 팔 의향이 있는지 묻는 거였어요. 2만 원에 팔기엔 아까웠답니다. 그런데 만약 제가 그 옷이 없는 상태라고 가정하고 얼마에 살 의향이 있을까 생각해 봤어요. 만약 제가 구매자 입장이라면, 필요하지 않은 옷이다 보니 공짜라고 해도 받지 않을 것 같았습니다. 제가 아깝다고 느낀 건, 그 옷을 가지고 있으면서 그 가치를 더 크게 여겨서 일 거예요. 더 이상 제게 필요 없는 건 2만 원을 받고 파는 게 제게 이득이잖아요. 2주간 아무한테도 연락 오지 않았던 걸 보면 더 높은 가격에 팔릴 가능성도 희박했고요. 저뿐 아니라 대부분의 사람들은 물건이나 권력, 지위 등을 한 번 손에 넣게 되면 그걸 가지고 있지 않을 때보다 훨씬 높게 평가하는 경향이 있다고 합니다. 이런 현상을 '보유효과endowment effect'라고 불러요.

빅토리아 대학의 잭 너치Jack Knetsch교수는 이와 관련한 흥미로운 실험을 진행했습니다[29]. 실험에 참여한 사람들을 무작위로 A, B, C로 그룹으로 나누었어요. A그룹에는 머그컵을 주면서 머그컵을 초콜릿으로 교환할 수 있다고 알려주었어요. B그룹에는 초콜릿을 주면서 머그컵과 바꿀 수 있다고 안내했고요. 마지막 C그룹에게는 초콜릿과 머그컵 중 아무거나 선택하라고 했습니다. C그룹 사람들의 56%는 머그컵을, 44%는 초콜릿을 선택했어요. 머그컵을 선택한 사람이 조금 더 많았지만, 유의미한 차이는 아니었어요. 그런데 머그컵을 준 A그룹 멤버 중 초콜릿으로 교환한 사람은 11%밖에 되지 않았고, 초콜릿을 준 B그룹 역시 자신의 상품을 머그컵으로 바꾼 사람은 10%밖에 되지 않았어요. 상품이 주어지지 않은 상태에서 고르라고

29. Knetsch, Jack L. "The Endowment Effect and Evidence of Nonreversible Indifference Curves." A.E.R. 79 (December 1989): 1277–84.

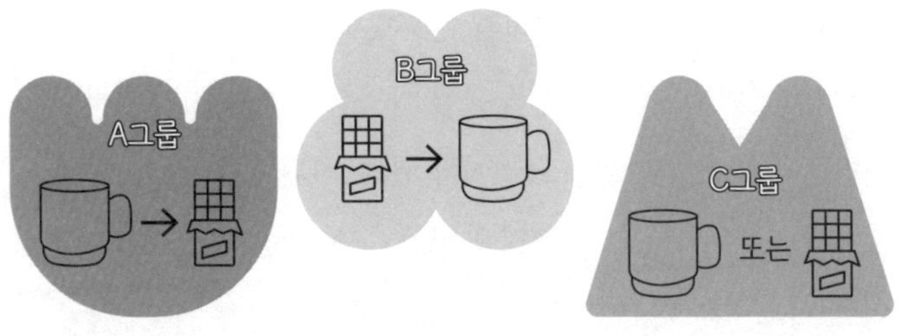

선택률	그룹	A	B	C
	머그컵	89%	10%	56%
	초콜릿	11%	90%	44%

하면 머그컵과 초콜릿을 비슷하게 선택했지만, 둘 중 어떤 상품이라도 자신에게 주어지면 그걸 더 높은 가치로 평가한 거죠. 우리의 뇌에는 소유한 걸 다른 사람한테 넘기는 걸 손실로 여기고 이런 손실을 회피하려는 부위가 존재한다고 해요. 손실 회피 심리 때문에 보유효과가 나타나는 거예요. 보유효과는 실제로 보유해야만 생기는 게 아니라고 해요. 잠깐이라도 몸에 지니거나 혹은 그걸 가질 수 있다는 생각을 하는 순간부터 그 대상에 대한 애착이 생기고 그 가치를 높게 평가하는 경향이 있다고 해요.

여러분이 좋아하는 SNS 인플루언서가 라이브 방송

으로 한정 수량 러닝화를 팔아요. 멋져 보이지만, 어쩐지 가격이 비싼 것 같아 망설였죠. 그 순간 "방송 중 구매자에게만 주는 혜택으로, 무료 사이즈 교환 및 반품이 됩니다. 반품 배송료도 없어요!"를 외칩니다. '그럼 일단 받아보고 결정하지 뭐'란 생각이 머릿속을 스쳐요. 주문하고, 결제도 완료! 다음 날 하교하니 벌써 집에 도착한 러닝화. 두근두근하는 마음으로 택배 박스를 뜯어 신어봅니다. '오, 딱 내 스타일인데?' 맘에 듭니다. 무료로 반품이 가능하지만, 내 손에 들어와 신어 보는 순간 내 것 같은 마음이 들었어요. 받아보고 구매 결정하면 된다고 쉽게 주문했지만, 내 손에 들어와 착용해 보고 나면 그 가치가 더 크게 느껴져요. 그래서 웬만해서는 반품하지 않고 사용하게 되는 겁니다.

내가 가지고 있던 기간이 길어질수록 그 가치는 더 크게 느껴지기 마련이에요. 기업들은 이를 놓치지 않습니다.

'7일 이내 무조건 환불'

'한 달간 무료 체험'

이런 문구와 함께 광고하는 상품들, 종종 보이죠? '써보고 결정'하라는 건 좋은 상품이라는 신호를 보냄과 더불어, 보유효과를 활용한 마케팅이기도 합니다. 제품을 받아서 며칠, 나아가 한 달을 사용하다 보면 자기 물건처럼 여기고 애착이 생겨서 환불받는 일은 거의 없거든요. 저도 현재 사용하고 있는 스마트 워치를 일주일간 써본 후 구매를 결정했는데, 써보다 보니 제 것이란 생각이 들고 이 물건이 사라지는 게 꺼려지더라고요. 유튜브, 넷플릭스, 아마존, 쿠팡 등 온라인 서비스들도 한 달가량 더 좋은 옵션을 무료로 사용하게 하는 경우가 있잖아요? '고화질 스트리밍', '광고 없이 재생' 등의 옵션 말이에요. 한 달 동안 고품질의 서비스를 사용하다가 다시 일반 품질로 돌아가는 게 꺼려져서 고객들은 고품질의 서비스를 유지할 확률이 높아지지 않을까요?

'써보고 결정'하라는 건 자신이 판매하는 상품이 품질 좋은 상품이라는 신호를 보내줌과 동시에, 사람들이 이미 손에 들어온 물건에 애착을 갖는 심리를 활용한 마케팅이기도 합니다. 심리적으로 이런 성향이 있는 걸 알고, 내 손에 들어오기 전 효용가치와 비용을 좀 더 냉철히 분석해 볼 필요가 있을 거예요. 또한 내게 이미 효용가치가 없어진 물건의 경우, 아깝다는 마음을 접고 정리하는 게 이득이 되는 거란 것도 기억하세요! 비워야 새로운 걸 채울 수 있다는 것도요! 그리고 어떤 의사결정을 내릴 때, 자신과 조금 떨어져서 마음을 들여다보는 게 필요해요. 내가 어떤 이유로 결정한 건지 합리적으로 따져 볼 필요가 있죠.

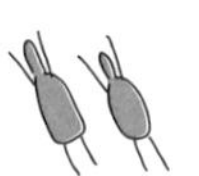

4. 자유이용권, 비용이 더 들어도 만족스럽다?

#결제와 소비의 디커플링

'자유이용권' 말만 들어도 엄청난 유혹으로 다가옵니다. 티켓 하나로 모든 걸 이용할 수 있다니! 여러분은 놀이공원 좋아하세요? 휴가철에 놀이공원에 가면 사람이 참 많습니다. 인기 있는 놀이기구엔 매우 긴 줄이 늘어서 있죠. 간혹 자유이용권을 사서 들어갔는데, 줄 서는데 시간을 많이 써서 놀이기구를 몇 개 못 타고 나올 때도 있어요. 이 경우 입장권을 사서 들어가고, 기구 하나 탈 때마다 돈을 내는 게 비용면에서 더 저렴합니다.

휴양지 여행 상품도 비슷해요. 호텔 숙박뿐 아니라 스포츠 액티비티, 스파, 마사지, 바비큐 등등 여러 가지 활동과 서비스를 모두 제공해 주는 여행 상품이 있습니다. 일종의 놀이공원 자유이용권과 같은 거죠. 예전에 이런 여행 상품을 택해서 발리로 가족 여행을 간 적이 있는데, 제공되는 모든 서비스를 이용하게 되지 않더라고요. 저희 가족이 이용한 활동, 서비스, 숙박료를 각각 따로 계산해 보니 패키지로 결제하는 것보다 각각 결제하는 게 더 저렴했습니다. 저랑 함께 간 친구 가족은 모든 활동과 서비스를 이용할 때마다 지불했습니다. 숙박료도 따로 지불했죠. 저희 집과 친구네 모두 똑같은 서비스를 즐기는 여행을 했지만, 돌아와 정산해 보니 친구네가 낸 비용이 좀 더 적었어요. 대신 계속 결제했어야 한 친구는 피곤함이 많이 남는 여행이라고 했죠. 만족감은 제가 더 높았던 거예요. 댄 애리얼리도 이와 같은 연구를 했는데 결과는 같았어요. 신기하게 각각 따로 비용을 지불해서 더 적은 금액을 지불한 사람들이 패키지로 모든 비용을 묶어서 더 높은 비용을 한 번에 지불한 사람들보다 만족감이 낮았어요. 이용한 서비스의 양과 질은 같고, 더 적은 비용을 지불했으면 만족감이 더 커야 하는데 말이에요. 왜 그랬을까요?

'지불의 고통' 때문입니다. 사람들은 지불할 때 고통을 느낍니다. 저는 여행비를 한 번에 지불했어요. 여행 떠나기 한참 전이죠. 큰 돈이 한 번에 나가니까 결제하기 전에 고민하고 카드를 내밀며 두 손이 떨리기도 했어요. 하지만 여행할 땐 이미 지나간 옛일이 되었습니다. 여행 시에는 지불의 고통을 이미 잊은 지 오래되었죠. 하지만 친구는 어떤 활동을 하고 서비스를 이용할 때마다 비용을 지불하다 보니, 이 서비스를 이용할까, 말까에 대한 고민을 지속적으로 했어요. 또 이용하면서도 지불의 고통을 매번 느낀 거죠. 발리의 즐거움을 온전히 느낄 수 없었던 겁니다. 댄 애리얼리의 관찰에 따르면, 자유이용권보다 서비스를 이용할 때마다 결제하는 게 소비를 덜 하도록 절제시키는 효과가 분명 있어요. 하지만 전반적인 만족감의 정도, 행복감으로 바로 이어지는 건 아닙니다. 오히려 패키지로 미리 높은 비용을 지불한 사람들이 여행을 온전히 즐기며 더 행복할 수 있었으니까요. 우리의 머릿속에서 은연중에 매번 소비할 때마다 지불의 고통을 느끼기 싫기에, 놀이공원에서는 자유이용권을 구매하고, 풀옵션의 여행 상품을 고르게 되는 건 아닐까 싶어요. 지불의 고통을 제거하면 돈을 보다 더 자유롭게 쓰고 소비를 더 많이 즐기게 돼요. 반대로 지불의 고통을 늘리면 지출에 대해 절제를 하게 돼서 지출이 줄어들지요. '행복하려면, 미리 돈을 많이 지불하세요'가 결론일까요? 그건 아닙니다.

대학 입학 축하 기념 가족 여행이나, 일생에 한 번 가게 되는 신혼여행이라면 지불의 고통을 줄이고 평생 한 번밖에 없는 경험을 마음껏 즐기는 게 좋을 수 있어요. 하지만 일상에서는 이야기가 달라져요. 하굣길에 과일주스를 자주 마시고자, 주스 가게에 미리 20잔의 주스 값을 지불해 두는 건 다시 생각해 봐야 해요. 미리 20잔 어치의 비용을 내두면, 20잔 주스를 마실 때까지 공짜라고 느끼며 매일 마시게 될 수 있거든요. 한 잔 마실 때마다 지불해야 하면 한 달에 10잔 마실 걸 이렇게 미리 결제해 두면 한 달에 20잔을 마실 수도 있을 거예요. 또 다른 예로 미용실 회원권을 들 수 있어요. 미용실에 회원권으로 20만 원 혹은 30만 원을 미리 결제해 두면 그 금액에서 매번 갈 때마다 시술 비용을 차감하는 경우가 꽤 있어요. 저도 이렇게 회원권을 끊어서 이용하는 경우가 있는데, 회원권이 있으면 '파마를 할까 말까'하는 고민이 확실히 줄어들어요. 이왕 회원권이 있는데, 더 여러 가지 시술을 맘 편히 하게 되더라고요. 회원권으로 결제하면 할인이 있는 경우, 그 할인으로 인한 혜택과 내가 괜히 더 헤프게 쓰게 되는 단점을 잘 고려해서 결정하는 게 필요할 거예요.

요즘은 지갑에 현금을 가지고 다니기보다는 체크카드나 신용카드 등의 금융 카드나 'OO페이'라고 부르는 간편결제를 더 많이 사용합니다. 할인 혜택을 받기 위해 자치구나 시, 도에서 발행하는 지역 상품권을 미리 구매해서 사용하기도 하고, 선물로 받은 백화점 상품권이나 문화상품권을 사용하기도 하죠. 우리가 어떤 상품을 구매하거나, 서비스를 이용할 때 결제할 수 있는 지불 수단은 이처럼 다양해요. 그런데요, 어떤 지불 수단으로 결제하느냐에 따라서도 씀씀이가 달라집니다.

현금과 상품권 중, 씀씀이가 헤퍼지는 지불 수단은 뭘까요? 상품권입니다. 선물로 받았으면 공돈이라는 심적 계좌에 들어가서 그런가 싶지만, 선물이 아니라 본인이 구매해 두었던 상품권을 사용해도 현금에 비해 훨씬 더 잘 쓰게 된다고 합니다. 현금을 들고 쇼핑갈 때와 백화점 상품권을 들고 쇼핑갈 때 마음가짐이 다르지 않던가요? 상품권은 다 써도 될 것 같은 마음이 드는 경우가 많거든요. 상품권은 미리 사 둔 것이라 지불의 고통이 현금에 비해 적기 때문입니다. 상품권은 돈이라고 생각하지 않아서, 돈을 쓰고 있다고 온전히 느끼지 못하는 것이기도 하고요. 카지노에 간 어른들이 돈을 많이 쓰게 되는 이유도 이와 관련이 있어요. 카지노에서 게임에 참여할 땐, 돈을 먼저 칩으로 바꾼 다음에 참여하도록 합니다. 게임에서 칩 하나가 자신의 손을 떠나간다고 해도 자기 돈이 줄어드는 느낌이 들지 않으니, 더 많은 돈을 쓰게 되는 거죠.

이처럼 소비하는 시점과 비용을 지불하는 시점이 동시에 이루어지는 것을 '소비와 지불이 커플링Coupling'되어 있다고 합니다. 반면, 지불을 미리 하거나 나중에 하는 경우처럼 소비와 지불의 시점이 분리되는 것을 '소비와 지불이 디커플링Decoupling'되어 있다고 하지요. 소비와 지불이 커플링되어 있을 때는 지불의 고통이 커지기 때문에 소비를 절제하는 효과가 있는 반면, 소비할 때의 만족감이 줄어들 수도 있어요. 반대로 소비와 지불이 디커플링되어 있으면 씀씀이가 커지는 문제가 생길 수 있지만, 소비하는 순간에는 만족감이 더 클 수도 있습니다.

지불의 고통이 가장 큰 지불 방법은 현금이에요. 현금

은 소비와 지불이 커플링되는 거예요. 소비할 대마다 현금을 꺼내서 결제하면, '내 소비로 인해 이만큼의 현금이 지불되는구나'가 바로 느껴지죠. 체크카드는 내가 결제하면 통장에서 돈이 빠져나가게 되어 있지만, 직접적으로 눈에 보이지는 않아서 지불의 고통이 현금보다 덜합니다. 신용카드는 체크카드보다 더 지불의 고통이 적고요. 신용카드를 사용하면, 지금 당장 내 돈이 나가지 않아요. 소비와 지불이 디커플링되는 거죠. 신용카드사가 나 대신 결제해 주고, 한 달 치 사용한 내역을 모아서 다음 달에 통장에서 빼가는 거거든요. 신용카드나 체크카드로 결제할 때, 지불의 고통이 없어 씀씀이가 커지는 걸 막기 위해서는 결제 알림 문자 서비스를 신청해 두면 좋습니다. 쓸 때마다 '딩동'하고 문자로 '**편의점. OO원 결제.'라고 알려주면, '지금 난 돈을 OO원 썼어'라는 걸 스스로 더 느끼게 되거든요. 스마트폰에 용돈 관리 앱을 설치하고, 금융 카드와 연결해서 바로 사용 내역이 정리될 수 있게 해두어도 좋습니다. 매일 저녁 그날의 사용 내역을 점검하는 시간을 가지면 스스로 계획적으로 소비하는 습관을 들이는 데 도움이 되거든요.

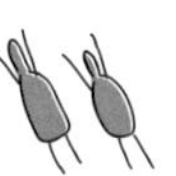

5. 비교는 SNS의 엄친아·엄친딸 말고, 미래의 나랑

#상향 비교

지하철, 버스, 음식점. 어디에서든 스마트폰을 손에 쥐고 화면을 휙휙 넘기는 사람들이 많습니다. 한 조사 결과에 따르면 우리나라 사람은 평생 중 34년이란 시간을 온라인상에서 보낸다고 하니,[30] 인생의 약 40%를 온라인상에서 보내고 있는 셈이죠. 온라인에서 뭘 할까요? 인스타그램, 틱톡 등의 SNS와 유튜브 영상 시청, 온라인 쇼핑, 온라인 게임 등에 시간을 사용하죠.

음식점에선 맛있고 근사한 음식을, 여행을 가면 여행지에서 멋진 사진을 찍어 SNS에 올립니다. 예전엔 학교나 학원에서 보는 엄친아, 엄친딸만 있었지만, 이젠 SNS를 통해 공간 제

30. 김명진. (2022. 03. 29). 기대수명 83.5세인데 인터넷만 34년… 온라인 세상 사는 한국인. 조선일보.
Retrieved from https://n.news.naver.com/article/023/0003681834?cds=news_edit

약을 넘어 비교할 대상이 자연스럽게 무한히 많습니다.

SNS 덕분에 평생 볼 일 없을 사람들과 나의 삶을 쉽게 비교하죠. 자신보다 더 나은 사람들과 비교하며 자신의 상황에 만족하지 못하고 우울감을 느끼는 경우가 많습니다. 얼굴도 예쁘고, 고급스러운 옷을 입고, 매일 맛있는 음식을 먹고, 방학이면 해외여행도 다녀오는데, 공부까지 잘하는 아이. 이처럼 나보다 더 나은 사람과 비교하고자 하는 걸 '상향 비교Upward comparison'라고 해요. SNS를 많이 사용하면, 상향 비교를 통해 낮은 행복감으로 이어지는 경우가 많아요.[31] 뭐든 다 잘하고 멋진 아이들이 너무 많죠. 그에 비해 나의 모습은 초라해 보여 우울하고 불안합니다. 요즘 자신이 우울하고 불안하다면, SNS를 너무 많이 사용하면서 다른 사람들과 비교하고 있는 건 아닌지 점검해 볼 필요가 있습니다. 사용 시간을 줄이는 게 도움이 될 수 있어요.

SNS에서 보여지는 모습들은 실제로 그들의 진짜 삶이 아니란 걸 알아채는 것도 필요해요. SNS에 올리는 나의 모습과 생활은 정제되어 있지 않나요? 보여주고 싶은 걸 보여주고자 하죠. 사진도 필터를 써서 찍고, 그중에서도 예쁘게 나온 걸 고

31. 이성준, 이효성 (2016). SNS에서의 개인의 사회비교 경험 유형 및 사회비교 지향성과 삶의 만족도와의 관계에 관한 고찰. 한국콘텐츠학회논문지, 16(12), 574-590.

르고, 보정도 해요. 집에서 초췌하게 있는 모습을 올리진 않잖아요? 다른 사람들, 내가 SNS 피드와 스토리에서 보며 부러워하는 그들의 모습도 이처럼 가공된 일부라는 거죠. 아무리 그들의 모습이 가공된 일부 모습이란 걸 인지하고, SNS 사용 시간을 줄인다고 해도 세상에 널린 멋진 사람들과 비교하는 굴레에서 벗어나는 게 쉽지 않습니다. 우리에겐 비교하고자 하는 본능이 있기 때문입니다. 한 가지 해결책은 다른 사람과 나를 비교하기보다는, 나와 나를 비교하는 겁니다. 나와 나를 비교한다는 게 무슨 말이냐고요?

어제의 나, 현재의 나, 내일의 나를 비교한다는 거예요. 한 달 전 과거의 나보다 현재의 나는 영어 실력이 늘어서 예전에 읽기 힘들었던 영어 소설을 읽을 수 있게 되었다는 식으로요. 미래에 되고 싶은 나의 모습을 그려보세요. 1달 후, 6개월 후, 1년 후, 2년 후, 3년 후 나는 어떤 모습이었으면 한다는 걸 구체적으로 적어 보면 좋아요. 외부의 조건에 흔들리지 않는, 나의 가치관과 목표가 반영된 나만의 비교 잣대를 만드는 거죠. 상황에 따라 유연하게 기준을 변경할 수도 있고, 목표를 설정하고 성취감을 느낄 수 있어서 좋죠. 미래의 나에게는 현재의 내가 열등감을 갖지 않는다는 점도 좋은 점이고요. 가까운 미래부터 먼 미래까지 기준을 세워보고 주기적으로 현재의 나는 과거의 나에 비해 미래에 가까워졌는지 점검해 보세요. 조금씩 미래의 내 모습에 가까워지고 있을 거예요. 외부의 기준에 흔들리지 않고, 나 스스로의 가치관에 의한 기준으로 중심을 잡고 나아가는 게 어떨까요?

SNS를 보니 친구들은 매일 공부도 잘되고, 피부도 깨끗하고, 집도 근사해요. 처음엔 별 생각 없이 스토리와 릴스를 봤지만, 모든 상황이 나보다 나은 친구들을 보며 우울해집니다. 상향 비교의 덫에 빠진 겁니다. 상향 비교는 끝이 없어요. 누구나 자신보다 더 나은 누군가는 있기 마련이거든요. SNS를 과도하게 하는 건 줄일 필요가 있지만, 아예 하지 않는다고 상향 비교의 굴레에서 벗어날 수 있는 건 아닙니다. 어제의 나와 현재의 나, 미래의 나를 점점 발전할 수 있게 계획을 짜보세요! 구체적인 계획을 세우고 매일 실천해 가는 거예요. 계획대로 되지 않았다고 좌절할 필요는 없어요. 누구나 실수하고, 계획을 실천하지 못하는 때가 있는 법이거든요. 내가 유연하게 계획을 수정해 가면서 어제보다 나은 나, 덜 실수하는 나로 발전해 가려고 노력해 보세요!

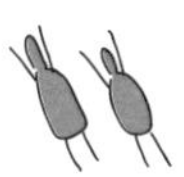

6. 행복을 가져오는 학교생활의 비밀

#자율성 + 유능성 + 관계성

학생들과 이야기하다 보니 공통적으로 많이 하는 고민 세 가지가 있더라고요. 첫 번째는 학교 문화나 교육 제도가 답답하다는 것. '시키는 대로 시간표대로 생활하는 게 답답하다', '내가 하고 싶은 공부를 할 수 없다'는 말로 흔히 표현됩니다. 두 번째는 학교 공부가 자신의 성장에 도움이 되지 않는다는 거예요. '문제 풀이를 반복해서 왜 하는지 모르겠다', '내 발전에 도움이 되지 않는 것 같다'는 고민이 대표적이죠. 세 번째는 친구나 선생님과의 관계 문제예요. '친구가 나를 괴롭힌다', '**선생님 때문에 힘들다'하는 식으로 매우 다양합니다.

세 가지 고민은 사람이 가지고 있는 보편적인 심리적 욕구인 자율성Autonomy, 유능성Competence, 관계성Relatedness과 관련돼요. 자율성은 자신의 의지에 따라 행동하고자 하는 마음이고, 유능성은 능력을 발전시키고자 하는 것이며, 관계성은 주변 사람들과 어울리고자 하는 욕구예요. 우린 세 가지 욕구를 추구하고, 이들이 충족될 때 만족감을 느끼고 행복합니다. 하지만 현실적으로 세 가지 욕구를 충족시키는 학교를 찾는 건 힘듭니다. 우리는 주어진 조건에서 스스로 기본적인 심리적 욕구를 충족시킬 수 있도록 환경을 조성하려고 노력하는 게 필요해요. 수업을 포함한 학교생활에서 적극적으로 자신의 의견을 말하고, 스스로 탐구하며 공부할 수 있는 동아리 활동 등을 찾아서 하면 자율성과 유능성을 어느 정도 충족할 수 있을 거예요.

여러분이 미래에 어떤 일을 할지 고민하고, 결정할 때도 자율성, 유능성, 관계성을 기억하세요. 자신이 좋아하는 일을 해야 즐겁고, 잘할 수 있어 유능감이 충족될 거예요. 창업하면 자신이 주도적으로, 의지대로 일할 수 있는 기회가 많아져 자율성을 충족할 수 있을 거고요. 취업하고자 한다면, 개개인이 능동적으로 일하고 스스로 책임질 수 있도록 하는 직장 문화를 가진 곳으로 가면 좋겠지요. 내게 자율적으로 일을 할 수 있는 권한이 주어질 때 더 열심히 일하고, 재미도 느끼고, 결국 능력도 더 향상될 테니까요.

마지막으로 어쩌면 관계성을 충족시키는 것이 가장 어려운 부분일 수 있었요. 사람은 사람과의 관계에서 가장 행복감을 느끼지만, 또 사람과의 관계에서 가장 힘들어하기도 하거든요. 무엇보다 사람들과의 관계는 그 사람을 겪어보지 않으면 미리 알기 힘드니까요. 좋은 사람을 만나는 것도 중요하지만, 늘 좋은 사람만 만날 수는 없어요. 하지만 스스로가 좋은 사람이 되도록 노력할 수는 있죠. 좋은 관계를 맺는 첫걸음은 상대방의 입장에서 생각하는 태도를 갖는 것입니다. 상대방을 이해하려고 노력하는 거죠. 마음에 드는 친구가 있다면, 그 친구가 흥미를 느낄만한 주제를 가지고 먼저 말을 걸어보세요. 앞에서 이야기했던 것처럼 공통점을 찾아 친근함을 표현하며 다가가는 것도 좋겠죠. 하지만 다른 사람과 친해지기 위해 무리할 필요는 없어요. 모든 사람과 잘 지내는 건 불가능하고, 꼭 그럴 필요 없다는 점도 기억해야 해요! 나에게 소중한 인연, 내가 하고 싶은 일에 집중하는 것이 더 중요해요. 나를 힘들게 하는 일과 관계에서 거리를 두고, 내가 가치를 두는 사람과 일에 집중할 때 행복에 한 걸음 더 다가갈 수 있을 거예요.

최소한의 행동경제학

초판 1쇄 발행 2025년 3월 31일
초판 3쇄 발행 2025년 5월 21일

지은이 김나영

펴낸이 김남전
편집장 유다형 | 기획·편집 이경은 | 디자인 양란희
마케팅 정상원 한웅 정용민 김건우 | 경영관리 김경미

펴낸곳 ㈜가나문화콘텐츠 | 출판 등록 2002년 2월 15일 제10-2308호
주소 경기도 고양시 덕양구 호원길 3-2
전화 02-717-5494(편집부) 02-332-7755(관리부) | 팩스 02-324-9944
홈페이지 ganapub.com | 포스트 post.naver.com/ganapub1
페이스북 facebook.com/ganapub1 | 인스타그램 instagram.com/ganapub1

ISBN 979-11-6809-167-2 (03320)

가나출판사는 당신의 소중한 투고 원고를 기다립니다. 책 출간에 대한 기획이나 원고가 있으신 분은 이메일 ganapub@naver.com으로 보내 주세요.